中国自由贸易试验区研究
（总第二辑）

Research of China Pilot Free Trade Zone

主编　杨　林

中国财经出版传媒集团

经济科学出版社
Economic Science Press

·北 京·

图书在版编目（CIP）数据

中国自由贸易试验区研究．总第二辑／杨林主编．——
北京：经济科学出版社，2024.12. —— ISBN 978 - 7
- 5218 - 6466 - 3

Ⅰ．F752

中国国家版本馆 CIP 数据核字第 2024LX3219 号

责任编辑：刘战兵
责任校对：郑淑艳
责任印制：范　艳

中国自由贸易试验区研究（总第二辑）
主编　杨　林
经济科学出版社出版、发行　新华书店经销
社址：北京市海淀区阜成路甲 28 号　邮编：100142
总编部电话：010 - 88191217　发行部电话：010 - 88191522
网址：www. esp. com. cn
电子邮箱：esp@ esp. com. cn
天猫网店：经济科学出版社旗舰店
网址：http://jjkxcbs. tmall. com
北京季蜂印刷有限公司印装
787 × 1092　16 开　12. 75 印张　243000 字
2024 年 12 月第 1 版　2024 年 12 月第 1 次印刷
ISBN 978 - 7 - 5218 - 6466 - 3　定价：58. 00 元
（图书出现印装问题，本社负责调换。电话：010 - 88191545）
（版权所有　侵权必究　打击盗版　举报热线：010 - 88191661
QQ：2242791300　营销中心电话：010 - 88191537
电子邮箱：dbts@ esp. com. cn）

中国自贸试验区研究

Research of China Pilot Free Trade Zone

目　　录

CONTENTS

自贸试验区建设对外商投资的影响

——基于多期双重差分的自然试验的实证研究

▶ 孔庆峰 许 欢 * ◀

【摘 要】在构建国内国外双循环发展格局的背景之下，自由贸易试验区（简称"自贸区"）作为制度改革的试验田，已成为吸引外资的"强磁场"。基于此，本文选取 2005~2022 年城市层面数据，采用多期双重差分方法从外资角度检验自贸区的建设成效、作用机制以及空间溢出效应。研究结果表明：第一，自贸试验区的设立整体上增加了外商直接投资；第二，机制分析结果表明，加强知识产权保护、降低制度性交易成本、加快内外贸一体化进程、发展数字普惠金融对吸引外资有显著作用；第三，进一步使用空间双重差分法分析自贸区对临近非试点城市的外资利用情况发现，自贸试验区对周边城市更多地体现为一种虹吸效应，抑制了周边地区外资利用。自贸区不仅要实现自身外资水平高质量发展，还要带动周边地区发展。

【关键词】自由贸易试验区 外商投资 双重差分

一、引言和文献综述

自贸区是我国全面提高对外开放水平、参与全球治理的一次重要尝试。作为我国试点改革的先行区，自贸区以深化供给侧结构性改革为建设思路，推行了一系列政策举措，如行政审批制度以及金融、贸易投资领域和市场化等方面都在对标高水平的国际经贸规则，为更大领域的开放积累经验。同时，

* 孔庆峰，山东大学经济学院教授、博士生导师，通信地址：山东大学中心校区经济学院，电子邮箱：kong@ sdu. edu. cn。许欢（通讯作者），山东大学经济学院博士研究生，通信地址：山东大学中心校区经济学院，邮政编码：250000，电子邮箱：xhsdta@163. com。

本文受山东自贸试验区专项课题项目"山东自贸试验区基于 CPTPP 高标准规则推动与日本数字贸易合作研究项目"（SWT（JS）-2021-012/03）的资助。感谢匿名审稿专家的宝贵意见，文责自负。

设立自贸区，不仅要实现自身发展，更为重要的是要带动周边地区实现发展（刘再起和张瑾，2019），实现区内和区外的高质量发展。

随着自贸区政策的实施，有关自贸区的研究也逐渐受到较多学者的关注。与本文相关的一类文献是有关自贸区经济效应的研究。从宏观层面看，自贸区的设立促进了区内经济高质量发展、投资增加以及出口产品质量提高（丁任重和李溪铭，2024；张阿诚和于业芹，2020；王利辉和刘志红，2017）。在经济结构调整转型过程中，自贸区的设立在促进产业结构升级（方云龙，2020；聂飞，2020）、提高城市创新水平（崔日明和陈永胜，2022）、提高城市绿色要素生产率（杨灵等，2023）等方面发挥了重要作用。从微观视角看，自贸区建设对企业供应链风险有显著的抑制作用（刘启仁等，2024），缓解了企业的融资约束（王洪亮和颜国强，2023），对企业劳动收入份额产生了一定的影响（王为东等，2023）。近年来，随着"碳达峰"和"碳中和"概念的提出，对减污降碳的研究逐渐受到关注，研究发现，自贸区能够通过技术创新和引进外商直接投资降低大气污染和碳排放水平（肖黎明和张颖，2024）。

自贸区设立的初衷，就是通过提供一定的政策优惠措施，吸引国内外高质量、高技术企业以助力产业结构升级。一个地区的劳动力成本、政策优惠、市场化程度、基础设施等是影响外国投资者选址的重要因素（蔡晓珊，2022）。2013年首先在上海推行自贸区外资准入负面清单，放宽了对外商投资准入的限制，一系列行政审批程序进一步简化，大大提高了外资准入的透明度。多数学者研究发现，自贸区的成立对外商直接投资具有显著的促进作用（韩瑞栋和薄凡，2019；李蕊等，2021；司春晓等，2021）。

基于对以上文献的分析，本文发现对自贸区外商投资的研究还存在以下可拓展空间：第一，目前关于自贸区外商投资的研究都是聚焦于外资数量，本文从外商投资质量视角进行研究，丰富了自贸区对外商投资的研究视角；第二，自贸区作为制度建设的试验田，担负着政府职能转变、金融领域创新、对标国际高标准贸易规则等任务，本文分别选取相应指标，从城市创新水平、政府知识产权保护、数字普惠金融、内外贸一体化建设等维度，全面考察自贸区建设对外资质量的作用机制；第三，本文还引入空间计量方法研究自贸区建设的溢出效应，分析自贸区建设对当地与周边地区带来的直接效应和间接效应，以期全面探究自贸区建设对外资的利用情况。

二、制度背景与机制分析

（一）制度背景

自2013年上海自贸试验区建立以来，中国自贸试验区不断扩容，2013

年9月至2020年9月，国务院已经分6批次批准了21个自贸试验区（见表1），基本形成了东西协调、陆海统筹的开放态势。自贸试验区是我国为全面深化改革和扩大开放探索新途径、积累新经验的战略高地。自设立伊始，其在政府职能转变、投资贸易便利化、事中事后监管、金融创新等不同领域进行了一系列卓有成效的制度创新探索和实践，形成了一批可复制、可推广的政策成果。

表1 　　　　　　　2013年9月至2020年9月自贸试验区设置情况

设立时间	片区名称	自贸试验区片区所属城市
2013年9月	上海自贸区	上海市
2015年4月	天津自贸区、福建自贸区、广东自贸区	天津市、厦门市、福州市、广州市、深圳市、珠海市
2017年3月	辽宁自贸区、河南自贸区、浙江自贸区、湖北自贸区、重庆自贸区、四川自贸区、陕西自贸区	沈阳市、大连市、营口市、郑州市、开封市、洛阳市、舟山市、武汉市、襄阳市、宜昌市、重庆市、成都市、泸州市、西安市、咸阳市
2018年10月	海南自贸区	海口市、三亚市、三沙市、儋州市
2019年8月	山东自贸区、江苏自贸区、广西自贸区、河北自贸区、云南自贸区、黑龙江自贸区	济南市、青岛市、烟台市、南京市、苏州市、连云港市、南宁市、钦州市、崇左市、保定市、石家庄市、唐山市、廊坊市、昆明市、红河州、德宏州、哈尔滨市、牡丹江市、黑河市
2020年9月	北京自贸区、湖南自贸区、安徽自贸区、浙江自贸区（扩区）	北京市、长沙市、岳阳市、郴州市、合肥市、芜湖市、蚌埠市、杭州市、宁波市、金华市

自贸区成立以来，主要在以下领域取得了显著成就：一是市场准入方面，负面清单不符措施逐渐减少，实施企业准入"单一窗口"制度，逐步推行"多证合一"，对港澳投资者准入方面取消或放宽资质要求、股比限制、经营范围等限制。二是财税制度方面，执行相应的海关特殊监管区域保税政策，给予境内外个人或企业一定补贴。三是贸易便利化方面，改善监管架构，提高监管效率，避免冗长审查。四是加强知识产权保护，以地方性法规的形式对自贸区制度创新和具体举措进行全面规范。应推进法治示范区建设，开展知识产权综合管理改革试点（浙江、湖北、陕西等），加强知识产权保护。

从产业结构来看，传统产业投资已经饱和，出口贸易加工模式的比较优势已经不再显著，亟须新业态、新商业。从内政体制来看，一些旧的行政管理体制降低了政府的行政效率，增加了企业运营成本。如何利用现有的资源，实现经济高质量发展，成为我国新发展阶段的课题。

（二）机制分析

当前，国际经贸规则已经从边境外措施扩展到边境后措施的统一，贸易规则体系已经从关税和非关税规则过渡到竞争中立、知识产权、电子商务、市场准入等涉及一国管理体制的内容上。成立自贸区是我国对标高标准贸易规则的一次大胆尝试，自贸区成立以来催生出了一大批可复制、可推广的经验成果，绝大多数自贸区在建设过程中提出要加大简政放权力度。对于企业而言，制度性成本是企业无法通过自身改变的成本，如在企业转入领域推行"单一窗口"服务模式，弱化事前审批，强化事中事后管理，大大简化了行政审批程序，提高了行政审批效率。市场准入方面，负面清单的不符措施数量逐步减少，投资准入更加开放。自贸区内通常会设立金融服务机构，为外资企业提供更加便利和灵活的融资渠道。良好的营商环境为外资企业提供了更加便利的贸易环境，特别是为吸引那些技术密集型的外资企业提供了有利的外部环境。基于以上分析，本文提出假设1：

假设1：自贸区试点政策将会促进外资质量的提高。

自贸区以制度创新和金融创新进一步带动贸易便利化，自贸区的高标准贸易规则、企业数量和营商环境有利于形成市场化的竞争环境。自贸区内技术和人员的自由流动性提升，促进了跨境合作和创新交流，更有利于形成知识溢出效应。自贸区通过政策优势形成产业集群和创新生态，为自贸区吸引高质量外资提供了良好条件。

加大知识产权保护力度，也是自贸区深化改革的主要任务之一。东道国对知识产权的保护力度已成为外国投资者特别是高质量外资进行投资选址时考虑的重要因素。知识产权保护提高了其他企业的模仿成本，对外资企业而言易于形成技术壁垒，对高质量外资流入具有正向影响（梁贺和包群，2021）。自贸区通过完善知识产权纠纷解决机制，不仅对外资企业和其他企业形成有效的制度保障，还能降低企业创新活动带来的风险，进一步强化外资企业的投资意愿。

对标高标准经贸规则，是新时代全面深化改革和扩大开放的重要举措，高标准经贸规则的再次提出也是实现内外贸一体化的重要体现。内外贸一体化的内涵是实现国际、国内贸易畅通（张姣玉和罗莉，2024），以及国际、国内贸易政策与市场机制的协同。自贸区的设立进一步提高了政策的透明度和可预见性，降低了外资企业的市场准入门槛，有助于吸引更多的外资企业进入国内市场。

融资成本是制约企业获取利润的重要因素。数字普惠金融作为一种新兴的金融模式，可以缓解信息不对称，降低融资成本，提高融资效率。外资企业一般需要充足的资金支撑其较高的研发投入，自贸区在金融领域的举措将会扩展融资渠道，丰富融资产品，推动普惠金融发展，缓解外资企业的融资约束，便利灵活的融资服务会吸引高质量外资企业落户自贸区。基于以上分析，本文提出假设2：

假设2：自贸区试点政策通过提高城市创新水平、加强知识产权保护、加快内外贸一体化和普惠金融吸引高质量外资进入市场。

自贸区设立的目的不仅是要实现自身发展，更是要实现全国范围内制度的复制推广，构建新发展格局，实现经济高质量发展。因此，自贸试验区城市对周边城市的作用也需要进行考察。增长极理论认为，一个国家要实现平衡发展是不现实的，经济发展通常都是从一个"增长中心"向其他部门或者地区传导。一方面，自贸区拥有更完善的产业结构，人才、资源要素相对集中，容易形成集聚效应，与自贸区周边地区相比，容易造成地区发展不平衡。加之行政区域划分的障碍，导致生产要素无法在自贸试验区和外部地区自由流动，这也限制了自贸试验区辐射带动发展效应，有可能产生"虹吸效应"。另一方面，自贸区在经济发展的过程中，逐渐成为整体区域的中心，随后通过扩散和回流效应，吸引高质量外资入驻，带动周边地区和产业发展，促进区域经济共同增长，形成"辐射效应"。目前自贸区对周边地区的外资质量形成何种影响，需要进行检验。基于以上分析，本文提出假设3：

假设3：自贸区在自身的发展过程中，对周边城市有可能产生辐射效应或虹吸效应。

三、模型设定与数据来源说明

（一）计量模型设定

本文将自贸区设立作为一项准自然实验，由于新疆自贸试验区2023年11月才正式揭牌，故不考虑作为实验组。自贸区试点地区确立时间不一，故本文采用多时点双重差分模型实证检验自贸区设立对外资质量的影响：

$$fdi\_q_{it} = \beta_0 + \beta FTZ_{it} + \beta_1 X_{it} + \mu_i + \lambda_t + \varepsilon_{it} \tag{1}$$

其中，fdi_q_{it}表示城市i在t时期的外商直接投资质量，参考魏玮和张万里（2018）方法，使用自贸区设立城市的外商投资额占GDP的比重，通过外商直接投资（FDI）对GDP的拉动能力来衡量外商投资质量水平。FTZ_{it}表示城市i在t年是否纳入自贸区试点，将处理组城市确定为自贸区实施片区后的时间取值为1，否则取0。其系数β反映了自贸区政策实施后对外商直接投资质量的净效应，也是本文关注的核心变量。X_{it} 是本文在城市层面的一组控制变量，μ_i 是省份固定效应变量，λ_t 是时间固定效应变量，ε_{it} 为随机误差项。X_{it} 是一系列的控制变量，包括各个地区的经济规模（lngdp）和第三产业占比（t_gdp）、社会品销售总额（lnsx）、公共预算收入（lnfin）、银行贷款余额（lndind）、规模以上工业企业个数（lnn），为了保证数据平稳性，对控制变量取对数处理。

（二）数据来源

本文选用中国 2005～2022 年的地级市层面数据作为研究样本，由于西藏自治区、新疆维吾尔自治区、内蒙古自治区和青海省的外商投资数据严重缺失，且除新疆以外其他省份均为非自贸区，而新疆在 2023 年 11 月才成为自贸区，因此以上省份在数据处理过程中不纳入本文研究样本。在剔除掉部分外资缺失较多的城市以后，最终选取 247 个地级市数据作为本文研究对象。被解释变量和解释变量数据来自各省份和地级市统计年鉴以及社会发展公报、《中国城市统计年鉴》。各变量的描述性统计如表 2 所示。

表 2　　　　　　　　　　　描述性统计结果

变量	变量含义	观察值	均值	标准差	最小值	最大值
lnfdi_q	外资质量	4 505	0.15	4.39	-13.33	7.26
t_gdp	第三产业占比	4 889	40.43	9.95	0.01	83.87
lngdp	国内生产总值	4 917	9.91	3.83	4.19	19.11
lnsx	社会消费品零售总额	4 916	15.57	1.29	5.47	19.01
lndind	银行贷款余额	4 920	16.14	1.35	12.55	20.69
lnfin	公共预算收入	4 920	13.60	1.27	9.55	18.17
lnn	规模以上工业企业数量	4 899	6.58	1.12	2.94	9.84

四、实证结果

（一）基准回归分析

本部分考察自贸区试点城市对外商直接投资质量的影响效应，基准回归估计结果如表 3 所示。其中，第（1）列是在未加入控制变量情况下的估计结果，第（2）列为加入控制变量后的回归结果，第（3）列汇报了以新增外资数量作为因变量的回归结果。考虑到自贸试验区城市自身具有一定的固有变化趋势，第（4）列加入自贸试验区城市与时间趋势的交互项，控制自贸区城市自身变化对外商直接投资的影响。从第（1）列至第（4）列回归结果可知，自贸区政策对引入外资的质量有显著的正向作用。这表明自贸区政策实施后，确实对引入高质量外资有促进作用，与预期结果一致。这验证了本文的假设1，即自贸区建设将会促进外资质量的提高。

表3		基准回归结果		
变量	（1）	（2）	（3）	（4）
FTZ	0.996 *** （0.13）	0.387 *** （0.12）	0.387 *** （0.12）	0.389 *** （0.12）
常数项	0.102 *** （0.03）	− 8.570 *** （0.44）	− 8.570 *** （0.44）	− 8.537 *** （0.45）
城市控制变量	否	是	是	是
时间趋势项	否	否	否	是
省份固定效应	是	是	是	是
时间固定效应	是	是	是	是
样本数	4 505	4 469	4 469	4 469
R^2	0.012	0.520	0.435	0.520

注：*** 、** 和 * 分别表示在1%、5%和10%的显著性水平上显著，括号内为聚类到城市—时间层面标准误。

（二）稳健性检验

1. 平行趋势检验

双重差分使用的一个前提条件是实验组和对照组要具有共同趋势（Rambachan and Roth，2023），即实验组在设立自贸试验区之前，各市的外商直接投资水平变化趋势应是一致的。本文构建如下模型进行平行趋势检验：

$$fdi\_q_{it} = \sum_{j=-7}^{5} \beta_j FTZ_{it}^j + \gamma X_{it} + \mu_i + \lambda_t + \varepsilon_{it} \qquad (2)$$

其中，fdi_q_{it} 为被解释变量，FTZ_{it}^j 是以实验组城市试点实行当年为参照而生成的相对年份政策变量，设定试点实施前一年为事件分析的基准年回归系数。若自贸区成立前回归系数 β 的置信区间不显著异于0，则满足平行趋势假设。

图1展示了事件前7期和后4期的处理前趋势的事件分析结果。自贸区

试点启动以后，尤其是在自贸区政策实施后的第一年，自贸区与非自贸区的外资质量出现显著差异。值得注意的是，在 2017 年、2019 年以及 2020 年，政府相继公布了相对较多的自贸区试点城市。然而，2019 年后恰逢新冠疫情暴发，导致全球贸易进程放缓。因此，在政策实施后的 2～3 年内，自贸区对外资质量的作用可能受到突发事件的影响，持续性并不强。整体而言，处理前事件分析结果表明，在试点实施前，处理组与控制组满足事前平行趋势检验。

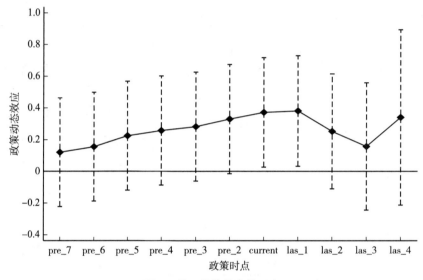

图 1　处理前趋势事件研究

2. 异质性处理效应检验

组别与时间维度的异质性问题是导致双向固定效应的估计结果产生偏误的主要原因。即使满足平行趋势检验，如果存在处理效应异质性问题，处理效应的估计结果也可能存在偏误。针对这一问题，文本使用 CSDID 方法进行异质性处理效应分析，重新进行估计（Callaway and Sant' Anna，2021）。其基本思想是将政策发生时处理状态发生变化的个体视为处理组，将尚未发生变化以及从未发生变化的个体作为控制组，以此得到处理效应，经过加权处理得到处理效应的无偏估计结果。表 4 第（1）列和第（2）列分别汇报了使用 CSDID 方法估计得到的简单加权平均处理效应和动态处理效应的估计结果。简单加权平均处理效应整体显著，动态平均处理效应事前不显著、事后显著，表明自贸区的设立可以显著提升所在城市的外资质量水平，与基准结果一致，说明了本文基准结论的稳健性。

表4 稳健性检验

变量	(1) 简单加权平均处理效应	(2) 动态平均处理效应	(3) 滞后一期	(4) PSM – DID	(5) 调整样本范围
Pre_avg		− 0.008 (0.03)			
Post_avg		0.338 ** (0.16)			
FTZ	0.325 ** (0.13)		0.436 *** (0.13)	0.359 *** (0.12)	0.364 *** (0.12)
城市控制变量		是	是	是	是
省份固定效应	是	是	是	是	是
时间固定效应	是	是	是	是	是
样本数	4 294	4 495	4 206	4 407	4 469
R^2		0.012	0.520	0.440	0.520

注：*** 、** 和 * 分别表示在 1%、5% 和 10% 的显著性水平上显著，括号内为聚类到城市—时间层面标准误。

3. 滞后一期

为了缓解潜在的内生性问题，将所有控制变量滞后一期重新进行估计。根据表4第（3）列可知，估计结果与基准回归结果基本一致，证明本文研究结论稳健可信。

4. 更换估计方法

为了避免可能存在的由于样本偏误带来的内生性问题，确保处理组与控制组在自贸区试点之前拥有更多的相似城市特征，本文进一步运用 PSM – DID 的方法重新对模型进行估计。首先通过 PSM 方法将实验组与其具有相似特征的对照组进行匹配，其次使用 DID 方法对匹配后的实验组和对照组进行回归。表4第（4）列汇报了估计结果，结果显示，处理效应的估计系数显著为正，与基准回归估计结果无实质性差异。

5. 考虑样本的典型特征

部分城市在自贸区试点政策实施之前就拥有较高的外资吸引能力，自贸区试点政策实施以后更是锦上添花。考虑到这种情况，本文依次删除上海、北京、广州试点城市后重新进行回归。表4第（5）列结果显示核心解释变量 FTZ 的回归系数依然显著。

6. 安慰剂检验

为避免人为干预选择处理组的可能性，参考赵仁杰等（2022）的方法，通过随机抽取样本作为自贸试验区政策的处理组城市进行安慰剂检验。从理论层面讲，伪处理组构成的处理效应结果不会对外资质量有显著影响，即"伪FTZ"=0。此外，随机抽取实验组的安慰剂检验方法还可以检验小概率事件对估计结果的影响。图2汇报了500次随机抽样分组后的系数分布情况，从图中可看出，政策处理变量的估计系数集中在零值附近且服从正态分布，安慰剂检验通过，这表明外商直接投资质量提高确实是因为自贸区成立导致的，进一步验证了本文基准回归结果的稳健性。

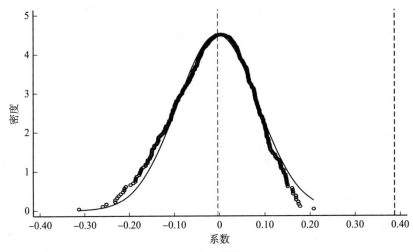

图2 安慰剂检验

（三）地理位置异质性分析

本文使用国家统计局对我国经济区域的划分方法，分为东部、中部、西部、和东北地区进行分组回归，回归结果列于表5第（1）~第（4）列。从回归结果来看，自贸区政策的实施对东部和西部地区效果显著，对中部和东北地区并不显著。其中可能的原因是：东部地区自身拥有良好的营商环境，吸引外资能力较强。东北地区确立自贸区的时间较晚，自贸区建设的很多措施尚未落实到位，而且东北地区的产业集聚效应和产业结构存在一定问题，人才外流问题严重，与国际市场的融合度还有待提升（余淼杰，2024）。多种因素叠加使自贸区政策的效果不显著。

除按照东部、中部、西部地理位置划分自贸区试点城市以外，本文进一步考察了沿海型与内陆型自贸区对外资的影响。表5第（5）列和第（6）列结果表明，不管是内陆型自贸区还是沿海型自贸区，均能显著促进外资质量提高，并且沿海自贸区的促进作用更明显。沿海自贸区拥有天然的港口优势，相对而言具有运输成本低、基础设施便利、人力资本水平高等方面的优势，位于沿海地区的自贸区更易于吸引高端产业外资。内陆自贸区相对沿海自贸区来说，在土地成本、劳动力价格上更占优势。沿海与内陆型自贸区各自发挥了自身的比较优势拉动外资水平。

表5　　　　　　　　　　　　　　地理位置异质性

变量	（1）东部	（2）中部	（3）西部	（4）东北部	（5）沿海型	（6）内陆型
FTZ	0.253*** (0.10)	0.297 (0.28)	0.765*** (0.26)	0.021 (0.23)	0.391*** (0.10)	0.321* (0.19)
常数项	−9.268*** (0.63)	−5.049*** (1.31)	−8.121*** (0.90)	−12.397*** (1.05)	−10.685*** (0.70)	−7.303*** (0.60)
省份固定效应	是	是	是	是	是	是
时间固定效应	是	是	是	是	是	是
样本量	1 517	1 416	975	561	1 586	2 883
R^2	0.335	0.036	0.751	0.645	0.363	0.569

注：***、**和*分别表示在1%、5%和10%的显著性水平上显著，括号内为聚类到城市—时间层面标准误。

五、机 制 分 析

（一）城市创新渠道

设立自贸区可以简化行政审批程序、降低税收负担、提升金融服务水平等，吸引更多企业和创新机构入驻，促进创新活动的开展，推动城市创新水平不断提高。基于该思路，本文使用寇宗来和刘学悦（2017）编制的中国城市和产业创新指数[①]，将该指数作为城市创新水平的代理变量，检验自贸区设立通过提高城市创新水平吸引高质量外商投资这一传导机制的作用，表6第（1）列的结果表明，自贸区的设立显著提高了城市创新水平。这一机制检验表明自贸区设立通过提高城市创新水平推动外资质量提高。

---

① 城市创新指数根据下文中的方法计算：复旦大学产业发展研究中心等. 中国城市和产业创新力报告 2017 ［R/OL］. http：//imgcdn. yicai. com/uppics/files/2018/01/636507587751508252. pdf。

表6 机制分析

变量	（1） 创新水平	（2） 知识产权保护	（3） 耦合度	（4） 协调度	（5） 普惠金融
FTZ	1.050 *** （0.14）	0.768 *** （0.11）	0.072 *** （0.01）	0.032 *** （0.01）	0.513 *** （0.07）
常数项	−3.367 *** （0.27）	−3.454 *** （0.33）	−0.334 *** （0.07）	−0.455 *** （0.02）	−1.512 *** （0.41）
省份固定效应	是	是	是	是	是
时间固定效应	是	是	是	是	是
样本量	4 594	4 588	4 073	4 073	3 244
R^2	0.268	0.139	0.125	0.573	0.547

注：***、** 和 * 分别表示在1%、5%和10%的显著性水平上显著，括号内为聚类到城市—时间层面标准误。

（二）知识产权保护渠道

自贸区内通过加强知识产权保护，推动商业环境的提升，有利于吸引外国企业和投资者进入自由贸易试验区，提高外资质量。基于该思路，本文参考沈国兵和黄铄珺（2019）的方法，使用北大法宝司法案例库公布的知识产权审判结案数作为知识产权保护的代理变量，检验自贸区通过加大知识产权保护力度吸引高质量外商投资这一传导机制，结果汇报于表6第（2）列。通过实证分析发现，自贸区的设立对其所在城市的知识产权保护水平有显著的提升作用。这一机制检验表明自贸区设立通过提高知识产权保护水平推动了外资质量提高。

（三）内外贸一体化渠道

2021年，国务院下发了《关于促进内外贸一体化发展的意见》，2022年又提出了《关于加快建设全国统一大市场的意见》，2023年又进一步出台《关于加快内外贸一体化发展的若干措施》，提出要促进内外贸规则制度衔接融合、优化内外贸一体化发展环境，带动中国实现更高水平的开放。自贸区通过协调国内和国外两个市场，消除地区间的贸易壁垒，扩大了企业的市场规模和流通效率，提高了政策的透明度和可预见性，将进一步带动外资质量水平的提高。本文参考赵春明和褚婷婷（2023）的方法，将内贸和外贸看作两个相互联系、相互影响的子系统，依据耦合协同理论的思想测算内外贸一体化指标，计算公式如下：

首先，计算内、外贸两个子系统的耦合度：

$$C = \frac{2\sqrt{U_i U_f}}{U_i + U_f} \tag{3}$$

其中，U_i 为内贸发展水平，使用社会消费品零售总额衡量，U_f 为外贸发展水平，使用企业所处地级市的进出口总额衡量。

其次，在耦合度的基础上得到两个子系统的耦合协调度：

$$D = \sqrt{C \times T} \tag{4}$$

其中，T 为子系统的评价指数，本文认为内外贸同等重要，即 $T = \frac{1}{2}U_i + \frac{1}{2}U_f$。

表 6 第（3）列和第（4）列分别汇报了使用内外贸一体化建设的耦合度和协调度作为机制变量的回归结果。根据估计系数的显著性水平可知，自贸试验区的设立显著提高了内外贸一体化水平，从而对吸引外商直接投资具有显著促进作用。

（四）普惠金融渠道

金融发展和深化可以加速资本积累，改善金融系统的资源配置效率，降低融资约束成本，为外商投资企业提供良好的资金支持（孙力军，2008）。本文采用北京大学发布的数字普惠金融指数衡量各地区的数字普惠金融发展水平[①]，实证结果汇报于表 6 第（5）列。根据估计系数的显著性水平可知，自贸试验区内普惠金融的发展对吸引外商直接投资具有显著促进作用。

六、自贸区与周边城市外资——虹吸还是溢出

本文实证检验表明，自贸区设立显著促进了自贸区所在城市外资质量的提高。自贸区在自身发展的同时也要带动周边城市协同发展，那么自贸区对周边城市的外资质量有何影响（何兴强和王利霞，2008）？一方面，自贸试验区通过有利的资源、制度、基础设施等条件吸引外商投资，导致周边城市形成的优势地位有可能减弱，产生所谓的"虹吸效应"；另一方面，当自贸区外商直接投资发展到一定水平时，会将红利扩展到片区以外的城市，带动周边地区发展，形成所谓的"溢出效应"。这两种效应到底孰强孰弱是考察

---

① 数字普惠金融指数来源：郭峰，王靖一，王芳等.测度中国数字普惠金融发展：指数编制与空间特征［J］.经济学季刊，2020，19（4）：1401 – 1418.

的重点，为了能够准确估计外商投资质量和自贸区政策之间的关系，本文在多时点双重差分模型的基础之上引入空间面板模型进行验证。

（一）空间自相关检验

为了验证样本之间的空间相关性，本文使用莫兰指数从全局和局部进行空间自相关检验。由表 7 检验结果可知，全局莫兰指数显著不为 0，这说明 2005～2022 年城市样本的外资质量明显存在空间依赖性和空间相关性。

表 7 各年份外商投资质量全局莫兰指数

年份	I	E(I)	sd(I)	Z 值	P 值
2005	0.229	−0.004	0.042	5.546	0.000
2006	0.138	−0.004	0.042	3.391	0.001
2007	0.140	−0.004	0.042	3.423	0.001
2008	0.131	−0.004	0.042	3.207	0.001
2009	0.195	−0.004	0.043	4.681	0.000
2010	0.171	−0.004	0.043	4.110	0.000
2011	0.125	−0.004	0.043	3.031	0.002
2012	0.176	−0.004	0.043	4.222	0.000
2013	0.176	−0.004	0.043	4.238	0.000
2014	0.233	−0.004	0.042	5.578	0.000
2015	0.187	−0.004	0.043	4.486	0.000
2016	0.239	−0.004	0.043	5.721	0.000
2017	0.265	−0.004	0.042	6.370	0.000
2018	0.129	−0.004	0.043	3.126	0.002
2019	0.132	−0.004	0.042	3.243	0.001
2020	0.133	−0.004	0.042	3.256	0.001
2021	0.088	−0.004	0.042	2.191	0.028
2022	0.046	−0.004	0.042	1.171	0.242

以邻接空间权重进行局部空间自相关检验，观察相邻地区的集聚特征。本文选取 2017 年和 2019 年作为代表年份进行局部自相关分析。根据计算结果可以将空间分为高—高、高—低、低—高、低—低 4 种类型。由图 3 可以看出，外资质量的局部莫兰指数主要分布在第一象限。在自贸区城市中，大部分城市呈现高—高集聚的特征，这反映了自贸区自身的外商投资质量的提

高会带动周边地区外资质量的提高。重庆、西安、成都等自贸区城市则呈现高—低集聚的特征，这反映了这些地区的外商投资质量较高，但是并未带动周边地区的发展，自贸区的成立对周边城市的外商投资质量提升作用有限。考虑到对自贸区周边城市和自贸区之间的空间依赖性，有必要使用空间面板模型对空间溢出效应进行进一步分析。

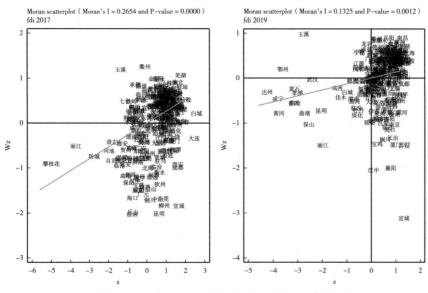

图3　2017年、2019年自贸区局部莫兰散点图

（二）基准回归分析

空间计量模型包含空间滞后模型（SLM）、空间误差模型（SEM）以及空间杜宾模型（SDM）。本文使用 LM 检验、Wald 检验以及 LR 检验。通过表8的结果可知，检验值在 1% 的显著性水平上拒绝了原假设，表明空间杜宾模型要优于空间误差和空间滞后模型。因此，本文使用空间面板杜宾模型的双重差分进行实证分析。

模型设置如下：

$$fdi\_q_{it} = \beta_0 + \rho w_{ij} fdi\_q_{it} + \beta_1 FTZ_{it} + \beta_2 w_{ij} FTZ_{it} + \theta w_{ij} X_{it} + u_i + \lambda_t + \varepsilon_{it}$$

（5）

其中，被解释变量、解释变量、控制变量和含义与方程（1）相同，w_{ij} 是空间权重矩阵，本文将其定义为基于临近性的空间权重矩阵，只要单元 i 和单元 j 有共同的边界或者共同的交点，则 w_{ij} 取值为1，否则取值为0，同时对其进行标准化处理。ρ 是空间滞后项系数，反映外商投资质量是否存在空间联系。β_1 和 β_2 是重点关注的系数，其中 β_1 衡量的是自贸区政策对自贸区建设对自贸区所在城市的外商投资质量的影响，β_2 衡量的是自贸区政策产生的空间溢出效应。表 9 汇报了空间相关性以及政策溢出效应的模型估计结果。

表 8　　　　　　　　　　　　　空间计量模型检验结果

检验类别	检验方法	统计量	P 值
LM 检验	无空间滞后（no spatial lag）	7 039. 507	0. 000
	无滞后［no lag（robust）］	43. 652	0. 000
	无空间误差（no spatial error）	7 002. 390	0. 000
	无误差［no error（robust）］	6. 536	0. 011
Wald 检验	Wald 空间滞后（Wald spatial lag）	131. 36	0. 000
	LR 空间滞后（LR spatial lag）	334. 10	0. 000
LR 检验	LR 空间滞后（LR spatial lag）	24. 44	0. 001
	LR 空间滞后（LR spatial error）	19. 74	0. 006

表 9　　　　　　　　　　　　　　空间 DID 回归结果

变量名称	空间个体固定效应	时间固定效应	时空固定效应
FTZ	0. 390 *** (0. 114)	0. 518 *** (0. 118)	0. 425 *** (0. 111)
$W \times FTZ$	− 0. 869 *** (0. 212)	− 0. 809 ** (0. 235)	− 0. 555 ** (0. 221)
ρ	0. 362 *** (0. 017)	− 0. 162 *** (0. 020)	0. 185 *** (0. 020)
控制变量	控制	控制	控制
地区固定效应	控制		控制
时间固定效应		控制	控制
直接效应	0. 327 *** (0. 118)	0. 496 *** (0. 121)	0. 409 *** (0. 114)
间接效应	− 1. 085 *** (0. 296)	− 0. 848 *** (0. 258)	− 0. 572 ** (− 0. 249)
N	4 446	4 446	4 446
R^2	0. 876	0. 515	0. 182

注：***、** 和 * 分别表示在 1%、5% 和 10% 的显著性水平上显著，括号内为聚类到城市—时间层面标准误。

模型的回归结果显示，系数都显著，但是时间＋空间固定效应的空间杜宾误差模型的 R^2 更大。ρ 系数显著为负说明外商投资质量在地区之间确实存在"虹吸效应"，DID 对应的直接效应系数显著为正，表明在考虑了控制变量、空间关联性后，自贸区建设对其所在城市的外商投资质量有显著的提高效果。此外，W×FTZ 对应的间接效应系数显著为负，表明自贸区政策对周边外商投资质量确实存在"虹吸效应"。其中可能的原因是，自贸区拥有更完备的产业结构，人才、资源要素相对集中，容易形成产业集聚效应，造成地区发展不平衡。加之行政区域划分的障碍，导致生产要素无法在自贸试验区和外部地区之间自由流动，这也限制了自贸试验区辐射效应的发挥，反而增强了"虹吸效应"。

七、结论和政策建议

本文选取 2005～2022 年城市层面数据，采用多期 DID 方法对自贸区设立对外商直接投资的影响进行了基本回归分析和机制检验。主要得出以下结论：第一，自贸试验区的设立整体上提高了外商直接投资质量；第二，自贸区对外资促进作用存在地区不平衡，东部、西部地区作用明显，但中部和东北地区效果有限；第三，本文在机制分析中发现，提高城市创新水平、加强知识产权保护、提高内外贸一体化力度、加强普惠金融等领域的建设或改革对外资质量提高有显著作用；第四，自贸区的成立对其周边城市的外资作用更多体现为一种"虹吸效应"。

基于以上结论，本文提出如下建议：

第一，各自贸区应充分发挥自身特色优势，转变政府职能，加快提高行政审批效率，加强事中事后监管，为自贸区内企业创造良好的营商环境。

第二，我国大多数自贸区在 2017 年以后成立，自贸区的发展还处于摸索创新阶段，对周边城市的外资带动作用不强，反而更多地表现为"虹吸效应"。自贸区应在自身发展的基础上带动周边城市，实现联动发展，如京津冀地区联动、港珠澳经济圈联动、长江经济带联动等，带动自贸区城市及周边城市实现协同发展。

第三，自贸区作为制度试验田，应继续推行制度的"先行先试"，推进自贸区体制机制的创新。在贸易便利化领域广泛运用信息技术提高口岸效率和海关监管能力；在金融领域推进人民币自由兑换、加强金融监管体制建设和金融服务业开放；放宽外资准入条件，推动政府服务化职能转变，加快自贸区法治建设和争端解决机制建设，对标高标准经贸规则，提升自贸区自身的优势。

参考文献

[1] 蔡晓珊. 粤港澳大湾区营商环境对外商直接投资的影响研究 [J]. 国际经贸探索，2022（12）：101-114.

[2] 崔日明，陈永胜. 自贸区设立、经济集聚与城市创新 [J]. 经济理论与经济管理，2022（11）：97-112.

[3] 丁任重，李溪铭. 省级自贸区试点政策对城市经济增长的空间效应 [J]. 经济地理，2024（2）：21-30，42.

[4] 方云龙. 自由贸易试验区建设促进了区域产业结构升级吗？——来自沪津闽粤四大自贸区的经验证据 [J]. 经济体制改革，2020（5）：178-185.

[5] 韩瑞栋，薄凡. 自由贸易试验区对资本流动的影响效应研究——基于准自然实验的视角 [J]. 国际金融研究，2019（7）：36-45.

[6] 何兴强，王利霞. 中国FDI区位分布的空间效应研究 [J]. 经济研究，2008（11）：137-150.

[7] 李蕊，敖译雯，李智轩. 自由贸易区设立对外商直接投资影响的准自然实验研究 [J]. 世界经济研究，2021（8）：91-106.

[8] 梁贺，包群. 知识产权保护与合资关系的持久性——基于中外合资企业的经验研究 [J]. 世界经济文汇，2021（3）：16-27.

[9] 刘啟仁，吴绍永，叶承辉. 自由贸易试验区建设与企业供应链风险——基于供需平衡视角 [J]. 国际贸易问题，2024（2）：1-16.

[10] 刘再起，张瑾. 中国特色自由贸易试验区开放升级研究——基于负面清单的分析 [J]. 学习与实践，2019（12）：28-36.

[11] 聂飞. 自贸区建设抑制了地区制造业空心化吗——来自闽粤自贸区的经验证据 [J]. 国际经贸探索，2020（3）：60-78.

[12] 沈国兵，黄铄珺. 城市层面知识产权保护对中国企业引进外资的影响 [J]. 财贸经济，2019（12）：143-157.

[13] 司春晓，孙诗怡，罗长远. 自贸区的外资创造和外资转移效应：基于倾向得分匹配—双重差分法（PSM-DID）的研究 [J]. 世界经济研究，2021（5）：9-23.

[14] 孙力军. 金融发展、FDI与经济增长 [J]. 数量经济技术经济研究，2008（1）：3-14.

[15] 王洪亮，颜国强. 自贸区设立缓解了企业的融资约束吗？——基于上市公司的经验证据 [J]. 南京审计大学学报，2023（3）：92-101.

[16] 王利辉，刘志红. 上海自贸区对地区经济的影响效应研究——基于"反事实"思维视角 [J]. 国际贸易问题，2017（2）：3-15.

[17] 王为东，张钰，王笑楠. 自贸区试点政策对企业劳动收入份额的

影响研究 [J]. 华东经济管理, 2023 (8): 71 - 81.

[18] 魏玮, 张万里. 制度环境对外商直接投资质量的影响及区域差异 [J]. 海南大学学报 (人文社会科学版), 2018 (1): 62 - 71.

[19] 肖黎明, 张颖. 自由贸易试验区对减污降碳的影响效应研究 [J]. 世界地理研究, 2024 (待发表).

[20] 杨灵, 唐晓华, 尹博等. 自贸区对城市绿色全要素生产率的影响效应研究 [J]. 软科学, 2024 (1): 37 - 44.

[21] 余淼杰. 新时代东北全面振兴的机遇和任务 [J]. 人民论坛, 2024 (2): 56 - 60.

[22] 张阿城, 于业芹. 自贸区与城市经济增长: 资本、技术与市场化——基于 PSM - DID 的拟自然实验研究 [J]. 经济问题探索, 2020 (10): 110 - 123.

[23] 张姣玉, 罗莉. 新质生产力赋能内外贸一体化: 逻辑理路与纾解方略 [J]. 国际贸易, 2024 (3): 22 - 29, 41.

[24] 赵春明, 褚婷婷. 数字经济与内外贸一体化发展 [J]. 国际贸易, 2023 (11): 3 - 13.

[25] 赵仁杰, 唐珏, 张家凯等. 社会监督与企业社保缴费——来自社会保险监督试点的证据 [J]. 管理世界, 2022 (7): 170 - 183.

[26] Callaway B, Sant' Anna P H C. Difference-in-differences with multiple time periods [J]. Journal of Econometrics, 2021, 225 (2): 200 - 230.

[27] Rambachan A, Roth J. A more credible approach to parallel trends [J]. Review of Economic Studies, 2023, 90 (5): 2555 - 2591.

The Impact of Pilot Free Trade Zone Construction on Foreign Investment

—An Empirical Study Based on a Multi-period Difference-in-Differences Natural Experiment

Kong Qingfeng　Xu Huan

［**Abstract**］ Against the backdrop of constructing a "dual circulation" development pattern, Pilot free trade zones (PFTZs) have become a "strong magnet" for attracting foreign investment as testbeds for institutional reforms. Based on city-level data from 2005 to 2022, this paper employs a multi-period difference-in-differences (DID) approach to examine the effectiveness, mechanisms, and spatial spillover effects of PFTZ construction from the perspective of foreign investment. The study reveals that: first, the establishment of PFTZs has overall increased foreign direct investment (FDI); second, mechanism analysis indicates that strengthening intellectual property protection, reducing institutional transaction costs, accelerating the integration of domestic and foreign trade, and developing digital inclusive finance will significantly attract foreign investment; third, further spatial DID analysis shows that PFTZs exhibit a siphon effect on neighboring non-pilot cities, thereby inhibiting foreign investment in surrounding areas. PFTZs should not only achieve high-quality development in their own foreign investment levels but also drive the development of surrounding regions.

［**Key Words**］ pilot free trade zones　foreign investment　difference-in-differences

JEL Classifications: F752

自由贸易试验区赋能长三角区域创新跃升研究

——基于多时点 DID 准自然实验的证据

▶ 孙佳怡　王丽春　龙兴乐* ◀

【摘　　要】本研究基于 2004～2019 年长江三角洲（以下简称"长三角"）地区的面板数据，深入探讨了自由贸易试验区（pilot free trade zone）的建立对创新发展水平的影响，系统探究了自由贸易试验区如何影响金融效率、产业集聚和人力资本，并赋能区域创新跃升。主要研究发现如下：自由贸易试验区的建立对金融效率的提升具有显著的积极效应。金融效率不仅自身得到优化，还作为连接自由贸易试验区与创新发展水平的关键桥梁，发挥着重要的中介作用，这表明，金融市场的完善和金融资源的有效配置，是自由贸易试验区推动创新发展的重要途径。自由贸易试验区的建立对区域经济集聚也产生了积极的推动作用，产业集聚作为另一个关键的中介因素，促进了区域创新发展水平跃升。自由贸易试验区的建立对人力资本的发展具有显著的促进作用。人力资本作为创新活动的内生驱动力，有利于提升区域创新发展水平。综上所述，本研究为自由贸易试验区政策的制定和实施提供了有价值的参考，并深化了对自由贸易试验区在创新发展中的作用机制的理解。未来的研究可以进一步拓展，探讨其他可能影响自由贸易试验区创新发展的因素，以及自由贸易试验区政策在不同地区和行业的差异化影响，为政策的精准制定和实施提供更加全面的依据。

【关键词】长三角自由贸易试验区　创新　产业集聚　金融效率人力资本

*　孙佳怡，上海大学管理学院硕士研究生，邮政编码：200444；江苏大学管理学院，邮政编码：212013。王丽春，江苏大学管理学院硕士研究生，邮政编码：212013。龙兴乐（通讯作者），江苏大学管理学院副教授，博导；江苏大学全球发展与安全研究院所长，通信地址：江苏省镇江市京口区学府路 301 号，邮政编码：212013，电子邮箱：longxingle@163.com。

本文受国家自然科学基金委国际合作与交流项目"内生创新与全球价值链攀升：中韩制造业比较研究"（项目编号：No.71911540483）、中国版权保护中心研究重大课题"版权贸易竞争力的测度、影响因素与提升策略研究（项目编号：BQ2022002）"资助。

一、引　言

世界经济格局不断变化，为应对这种变化，我国逐步建立了自由贸易试验区，这是国家进一步深化市场体制改革、扩大对外开放的一项重大举措。自由贸易试验区是构建开放经济体系的重要组成部分，到2024年3月底，中央已批复21个自由贸易区。自由贸易试验区的建立，既是推进市场经济体制改革的需要，也是国家与世界经济一体化发展的重要支撑。在此基础上，各地通过对自由贸易试验区企业的特殊扶持，进一步优化了该地区的营商环境，为企业的发展提供了便利。自由贸易试验区为我国市场经济的发展注入了新的活力，推动了我国市场经济的健康发展。

随着自由贸易试验区的不断设立和发展，我国将更加积极地融入全球经济体系，实现经济的高质量发展。长三角自由贸易区是中国经济发展的重要组成部分，也是中国改革开放的成果之一。自改革开放以来，中国经济取得了巨大的成就，特别是在自由贸易领域取得了显著的进展。长三角地区因地理位置优越、产业基础雄厚和经济实力强大而成为自由贸易区的重要节点，2015～2022年，长三角区域发展指数呈持续上升趋势（见图1）。实际上，中国设立自由贸易区的初衷，就是为了创造一个有利于区域工业高质量发展的外部条件，将促进经济高质量发展视为自由贸易试验区建设的重要发展目标。如表1所示，2023年我国进出口较2022年呈增长趋势，从58 347.09亿美元增加到58 463.78亿美元，同比增长0.5%。长三角区域占全国进出口的比重升至36.3%。分省市看，2023年上海进出口达到0.58万亿美元，同比增长0.1%；江苏进出口达到0.69万亿美元，同比略有下降；浙江进出口达到0.68万亿美元，增速同比增长4.7%；安徽进出口达到0.11万亿美元，同比增长7.3%。其中，2023年安徽进出口增速最高，江苏和浙江的进出口均呈现上升趋势。

现有研究主要聚焦于自由贸易试验区设立的经济驱动效应以及创新。如王军等（2023）认为，自由贸易试验区的政策可以有效地纠正资源错配、促进贸易自由化的发展，其双倍性分析表明，自由贸易试验区的建立极大地减少了资源错配与市场分割，从而对我国的高质量发展起到了积极的促进作用。达米恩等（Damien et al.，2024）首次对社会经济企业与其他企业在社会和环境创新发展方面进行跨国比较，证明了社会经济企业对环境创新的主要影响是通过它们对其他企业的影响。王亚飞等（2023）认为，自由贸易试验区通过一系列的改革和体制创新，有效地促进了科技、人才等创新要素的聚集，从而促进了地区技术进步与创新的发展，这一点从面板数据建模中可以看出，自由贸易试验区的建立对地区经济的发展有着明显的促进作用。杨力等（2023）在"共生理论"视角下研究表明，创新种群的多样性与优势性、创新资源的禀赋水平、技术转移转化的能力以及创新环境会对区域创新生态系统的能级产生重要影响，是决定区域创新生态系统能级水平的重要因素。定制生产比重越高从而对契约环境越敏感的外地企业的确越容易遭受东道市场地方保护主义的打击（黄玖立，2018）。微观层面，国内学者刘慧和綦建红（2021）认为，中国经济的高质量发展离不开创新，而创新离不开开放的环境与政策。自由贸易区（FTA）的网络嵌入可以促进贸易规模的扩大，促进市场竞争活力，以及信息技术的扩散。菲尔克纳等（Felkner et al.，2011）发现，一个国家的经济地理可以对其发展产生巨大影响，一个地区的企业高度集中预示着该地区及其周边地区的后续高增长。奥布肖卡等（Obschonka et al.，2023）认为，经济主体之间的知识溢出有利于赋能技术创新。在"双循环"新发展格局下，自由贸易试验区凭借其独特的制度创新功能，成为推动国家自主创新、实现跨越式发展的关键动力。自由贸易试验区建设不仅助力中国在新时代深化供给侧结构性改革，构建更加开放的经济体系，更是推动经济持续、健康且高质量发展的重要引擎。

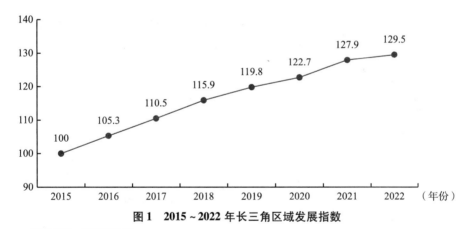

图 1　2015~2022 年长三角区域发展指数

资料来源：国家统计局。

表 1　　　　　　　　　　　　　长三角及全国进出口统计　　　　　　　　　单位：亿美元

年份	全国	上海	江苏	安徽	浙江
2017	41 071.38	4 761.23	5 911.39	550.00	3 778.00
2018	46 224.44	5 156.49	6 640.43	627.80	4 324.00
2019	45 778.91	4 938.03	6 294.70	687.00	4 472.00
2020	46 559.13	5 031.89	6 427.75	784.60	4 879.00

年份	全国	上海	江苏	安徽	浙江
2021	60 502.19	6 294.00	8 068.70	1 072.00	6 410.00
2022	58 347.09	5 811.03	7 558.63	1 040.18	6 490.17
2023	58 463.78	5 838.87	6 934.52	1 116.76	6 795.80

资料来源：各省市统计年鉴。

鉴于此，本项目将以长三角为研究对象，以区域创新为切入点，采用"准自然实验"方法，系统评价自由贸易试验区的建立对中国区域创新的作用。与前人的研究比较，本文的创新点在于：第一，系统研究自由贸易试验区的设立对区域创新的直接影响机制，并为中国长三角地区自由贸易试验区的创新生态系统优化提供决策参考；第二，深入探究自由贸易试验区设立如何影响产业聚集、金融发展与人力资本，进而赋能区域创新；第三，基于准自然实验，利用双重差分、稳健性检验、平行趋势检验等方法准确识别出长三角自由贸易试验区的建立对区域创新的影响。

二、理论模型与研究假设

（一）理论模型

根据内生增长理论和创新理论，本节重点探讨自由贸易试验区对区域创新的实现机制，具体包括自由贸易试验区与区域创新的关系、自由贸易试验区对产业集聚的推动作用以及对区域创新的影响、自由贸易试验区对人力资本发展的促进作用以及对区域创新的贡献、自由贸易试验区对金融发展的推动作用以及对区域创新的推动力（见图2）。

（二）研究假设

1. 自由贸易试验区与创新

设立自由贸易试验区是我国高层次开放型流通体系建设的重要平台和抓手。自由贸易试验区内的企业往往集中在特定领域或产业，导致产业结构单一化，缺乏多样性和交叉创新的机会。如何破除市场分割并推动创新发展是学术界的重要议题。研究发现，市场分割会抑制双元创新，且这种抑制作用主要体现在其对探索式创新的影响上（朱艳丽和刘丽丽，2024）。自由贸易试验区内的企业可能会在相对宽松的环境中获得更多优惠政策或资源支持，这可能降低了它们的竞争压力，减少了创新的动力。蔡晓慧和茹玉骢（2016）研究发现，基础建设的进步对大公司的研究开发有利，对小型公司的研究发展不利。这一差别效应的产生是由于尺度效应与挤压效应的综合效应。政府也会加大金融支持力度，研究结果表明，高新技术企业短贷长投对突破式创新具有显著的抑制作用（周佳丽等，2024）。根据以上分析，我们提出以下假设：

H1：设立自由贸易试验区有利于提供区域创新。

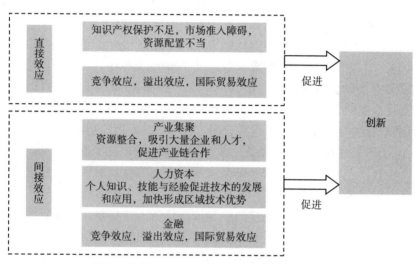

图 2　自由贸易区设立驱动区域创新实现机制

2. 自由贸易试验区、产业集聚与创新

设立自由贸易试验区不仅能直接促进区域创新，还能通过产业集聚的间接影响提升区域创新水平。一方面，自由贸易试验区具有资源整合的作用，吸引了大量企业和人才，促进了产业链上下游企业的合作与整合，形成了更为完整的产业生态系统。这种资源整合可以加速知识、技术和资金的流动，为创新提供更有利的条件。另一方面，自由贸易试验区内的企业更容易进行技术交流与共享，这种技术交流可以加速新技术的落地和应用，推动区域创新水平的提升。宁等（Ning et al.，2016）基于手动收集的中国 2005～2011 年城市级数据集，实证证实了外国直接投资在发展中国家作为重要的外部知识来源的作用，进一步表明，外国直接投资的空间溢出效应取决于城市内部和城市之间的产业集聚强度。葛等（Ge et al.，2023）以 2010～2019 年中国 185 个城市为样本，运用渐进式差分模型，研究自由贸易试验区对中国服务产业结构升级的作用。结果表明，自由贸易区的发展对中国服务产业结构的优化具有明显的推动作用，而且这种作用是随时间推移不断加强的。郭等

（Guo et al.，2023）研究表明，中国的产业集群有助于提高区域生产率和资源配置效率，同时加剧竞争和加速企业动态变化。此外，通过改善贸易手续和投资便利化程度，区域内的政策也能推动服务结构的升级。根据以上分析，我们提出以下假设：

H2：设立自由贸易试验区能通过促进产业集聚提升区域创新。

3. 自由贸易试验区、人力资本与创新

设立自由贸易试验区不仅能直接促进区域创新，还能通过人力资本的间接影响提升区域创新水平。内生成长理论把知识再配置作为创新的源泉，并指出知识的成长和技术进步是推动经济发展的根本因素。舒尔茨（1960）的人力资本理论清楚地指出，在当代，人力资本是推动国家经济发展的重要因素。同时，人力资本是知识的重要载体（Romer，1990）。人力资本是指体现在劳动者身上的健康、技能、知识、经验、习惯等。随着技术的日益成熟，蕴含在个人中的知识、技能与经验对技术的进一步发展与应用、对形成技术优势起到了至关重要的作用。沈等（Shen et al.，2023）基于 2009～2019 年中国 30 个省级行政区的面板数据，采用双重差方法研究了自由贸易试验区政策对绿色技术创新的影响。研究结果表明，自由贸易试验区政策促进了绿色技术创新的发展，个别试验区存在政策滞后现象；中介效应分析表明，自由贸易试验区政策通过改善市场化进程和加强创新人才集聚，促进了绿色技术创新的发展。在人力资本水平较高的地区实施自由贸易试验区政策，促进绿色技术创新的效果更好（Bi et al.，2023）。李等（Li et al.，2021）利用 2010～2016 年中国 16 家港口上市公司的面板数据，运用差分法（DID）探讨了自由贸易试验区政策对自由贸易试验区内港口上市公司发展绩效的影响。结果表明，通过提升生产效率、管理水平和扩张规模等方面的优势，港口上市公司能够在较短的时间内获得较快的发展。基于以上分析，我们提出以下假设：

H3：设立自由贸易试验区能通过人力资本跃升提升区域创新。

4. 自由贸易试验区、金融与创新

中共十九大报告提出要"深化金融体制改革，增强金融服务实体经济能力"。设立自由贸易试验区不仅能直接促进区域创新，还能通过金融的间接影响提升区域创新水平，自由贸易区通常会吸引更多的国内外投资，增加了资金的流动性。这些资金可以用于支持创新活动，从而推动区域创新水平的提升。唐松等（2020）探索了数字融资对企业技术创新的作用机制。研究表明，发展数字金融可以很好地缓解企业"融资难、融资贵"的矛盾，推动公司去杠杆，稳定财务，从而提高公司的科技创新产出。李等（Li et al.，2024）以中国自由贸易试验区为主体进行研究，发现拥有自由贸易区的城市与更高的创业精神有关。设立自由贸易试验区有利于提高对外开放水平、促进对外贸易金融发展。王等（Wang et al.，2022）研究发现，上海自由贸易试验区对区域金融发展的规模、间接金融发展的效率、直接金融发展的效率与金融发展结构具有正向影响。蔡等（Cai et al.，2021）研究发现，上海自由贸易试验区政策对当地 GDP 增长率有积极影响。基于以上分析，我们提出以下假设：

H4：设立自由贸易试验区能通过促进金融发展来提升区域创新。

三、研究设计

（一）模型设定

在长三角地区，上海市最先于 2013 年设立自贸区，浙江省于 2017 年设立自贸区。江苏省于 2019 年设立自贸区。多时点 DID 可以有效评估某一政府政策在不同时期的渐进实施效果。因此，本文采用多时点 DID 研究自由贸易区对试点地区与非试点地区技术创新是否存在差异化影响。

$$Y_{it} = \beta_0 + \beta_1 DID_{it} + \alpha X_{it} + \gamma_i + \theta_t + \varepsilon_{it} \qquad (1)$$

$$DID_{it} = treatment_i \times post_{it} \qquad (2)$$

其中，i 表示地区，t 表示年份；Y_{it} 是被解释变量，表示地区的技术创新水平；DID_{it} 是核心解释变量，$treatment_i$ 是政策实施对象的虚拟变量，$post_{it}$ 是政策实施时间的虚拟变量；X_{it} 是控制变量，γ_i 是个体固定效应，θ_t 是时间固定效应，ε_{it} 是误差扰动项。

为探究金融集聚、人力资本与产业集聚的中介作用，本文采用逐步回归法构建了相应的中介效应模型：

$$TI_{it} = \beta_1 + \beta_2 Zone_{it} + \beta_3 Controls_{it} + \mu_i + \sigma_i + \varepsilon_{it} \qquad (3)$$

$$Med_{it} = \beta_1 + \beta_2 Zone_{it} + \beta_3 Controls_{it} + \mu_i + \sigma_i + \varepsilon_{it} \qquad (4)$$

$$TI_{it} = \gamma_1 + \gamma_2 Zone_{it} + \gamma_3 Med_{it} + \gamma_4 Controls_{it} + \mu_i + \sigma_i + \varepsilon_{it} \qquad (5)$$

（二）样本选择

解释变量为自由贸易试验区的设立。本文选取中国长三角地区地级及以上城市为研究样本。目前有关自由贸易试验区设立的相关文献大多以省级数据为研究对象，而自由贸易试验区主要设立在部分中国省份的部分城市中，如中国（浙江）自由贸易试验区是中国政府在浙江省舟山群岛新区、宁波市、杭州市、金华市和义乌市设立的区域性自由贸易园区，选用省级数据有可能放大自由贸易试验区影响的辐射范围。其他对城市数据进行研究的文献

大多选择多个城市的数据，忽视了地域的差异性。因此，本文运用 2003 ~
2019 年长三角地区相关地级及以上城市为研究样本，对自由贸易试验区的影
响进行有效分析。

被解释变量为创新，本文主要选择专利授权量与专利申请量。

中间机制变量主要选取了三类可能的作用机制变量：第一类机制变量是
金融效率；第二类机制变量是各城市产业集聚指数；第三类机制变量是人力
资本。主要控制变量包括各城市的人均 GDP、产业结构。

（三）数据来源与描述性统计

数据主要来自各年度《中国城市统计年鉴》和各省份的统计年鉴，个别
数据确实通过插值法处理，最终本文数据为 2004 ~ 2019 年 43 个长三角地区
地级城市的面板数据，变量描述性统计如表 2 所示。

表 2 描述性统计

变量	（2） 均值	（3） 标准差	（4） 最小值	（5） 最大值
年末金融机构各项贷款余额（万元）	39 070 000	78 110 000	659 799	738 200 000
年末金融机构存款余额（万元）	53 390 000	119 700 000	871 310	1 233 000 000
城乡居民储蓄年末余额（万元）	20 850 000	34 730 000	598 565	341 500 000
金融发展效率	0.719	0.143	0.272	1.119
当年申请的专利数量（件）	11 662	19 266	17	130 260
当年授权的发明数量（件）	1 067	2 555	0	22 593
地区生产总值（万元）	28 790 000	41 050 000	755 027	381 600 000
人力资本（人）	187.3	207.1	3.741	1 270
产业集聚	5.458	7.855	0.258	38.06

四、实证结果分析

（一）自由贸易试验区设立对创新的影响

1. 基准回归

自由贸易试验区设立对创新发展的回归结果如表 3 所示。结果显示，自

由贸易试验区设立降低了长三角地区创新发展水平。自由贸易试验区对江苏创新影响系数为正向，虽然其不显著。

表3　　　　　　　　　　　　　多时点双重差分回归

变量	(1)	(2)	(3)
	创新发展水平		
	长三角	江苏	浙江
时间		0.143 (0.65)	1.149 *** (4.81)
控制组		0.659 ** (2.30)	0.377 (1.36)
Did	− 0.585 *** (− 5.80)	0.069 (0.08)	− 0.158 (− 0.31)
常数	8.181 *** (500.74)	8.664 *** (71.72)	8.512 *** (63.40)
观测值	656		
R^2	0.958	208	176
F 检验	1.06e − 08	0.034	0.099
调整后的 R^2	0.954	0.110	5.14e − 06
F	33.68	0.0201	0.0828

注：括号内为 t 统计量。*** 、** 、* 分别表示在1%、5%和10%的显著性水平上显著。

2. 平行趋势检验

从图3中可以看出自由贸易试验区在不同设立年份对创新影响的效应。自由贸易试验区设立之前，估计系数大致在 0 附近波动，这意味着在95%的置信区间内，系数值包括了 0。在自由贸易试验区设立实施的当年及随后的几年里，系数显著为负。这一变化清晰地表明，在处理组与控制组之间，自由贸易试验区政策实施前并未显示出明显的差异，因此这两组是可以进行比较的。这也进一步验证了平行趋势的前提假设，即自由贸易试验区设立前，处理组和控制组的创新水平是相当的。

3. 安慰剂检验

根据图4安慰剂检验结果可知，系数基本满足正态分布，且实际估计系数明显属于异常值，符合安慰剂检验的预期。

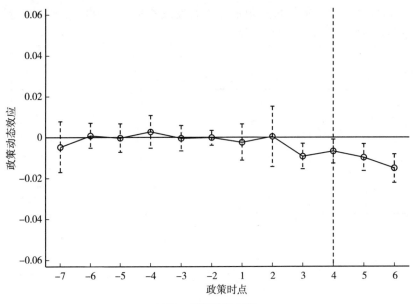

图 3　平行趋势检验

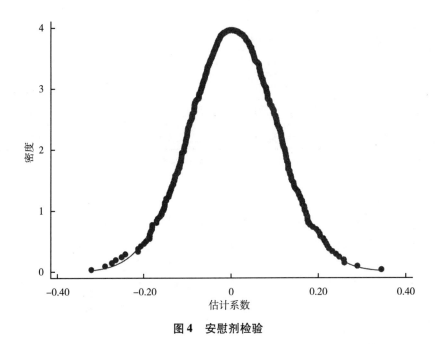

图 4　安慰剂检验

（二）机制分析

为检验自由贸易试验区设立对创新水平的影响机制，本文运用中介效应模型，探究自由贸易试验区设立对创新水平的影响，特别关注金融效率、人力资本和产业集聚的中介作用。具体结果如表4所示，其中第（2）列揭示了自由贸易试验区设立的相关效应，显示自由贸易试验区设立对创新发展水平有显著的正向作用（β = 0.118，p < 0.01）。根据第（3）列，自由贸易试验区对区域创新有积极影响（β = 1.778，p < 0.01），表明金融效率在自由贸易试验区设立提升创新发展水平的过程中起到了关键作用。自由贸易试验区的设立有助于促进贸易市场的开放，能够有效促进不同国家与企业之间开展交流合作，加快技术和知识的跨界传播与交流。此外，自由贸易试验区的设立有利于吸引国际资金的流入，提高资金的使用效率，为创新提供更多的资金支持，假设 H2 成立。

表4 中介机制逐层回归结果

变量	（1）创新发展水平	（2）金融效率	（3）创新发展水平	（4）产业集聚	（5）创新发展水平	（6）人力资本	（7）创新发展水平
自由贸易试验区	2.230 *** (5.61)	0.118 *** (3.79)	1.778 *** (4.64)	1.518 *** (5.70)	0.904 *** (2.74)	0.947 *** (7.85)	1.385 *** (5.20)
金融效率			3.825 *** (8.04)				0.892 *** (15.88)
产业集聚					0.873 *** (18.45)		
常数项	8.086 *** (111.14)	0.713 *** (125.01)	5.357 *** (15.46)	0.865 *** (17.74)	7.331 *** (102.04)	4.771 *** (120.83)	3.832 *** (14.05)
观测值	656	656	656	656	656	656	656
R^2	0.046	0.022	0.132	0.047	0.373	0.029	0.264
调整后的 R^2	0.0445	0.0200	0.129	0.0459	0.371	0.0279	0.262
F	31.50	14.38	49.59	32.49	194.1	61.55	168.2

注：括号里为 t 统计量。*** 、** 、* 分别表示在1%、5%和10%的显著性水平上显著。

第（4）列显示，自由贸易试验区设立对产业集聚具有显著的正向效应（β = 1.518，p < 0.01）。在模型中纳入产业集聚作为变量后，自由贸易试验区设立对其的影响系数依然显著且为正（β = 0.873，p < 0.01），说明自由贸易试验区设立能够通过产业集聚提升创新发展水平。自由贸易试验区的设立使产业集聚水平更高，从而能够有效促进企业间的资源共享与互补，有助于形成完善的供应链体系，提高生产效率，推动技术创新，假设 H3 成立。

第（6）列显示，自由贸易试验区设立对人力资本存在显著正向作用

（β = 1. 518，p < 0. 01）。第（7）列显示，在加入人力资本后，自由贸易试验区设立对人力资本具有显著正向影响（β = 0. 873，p < 0. 01），说明自由贸易试验区设立能够通过人力资本促进创新发展水平。自由贸易试验区的设立能够有效吸引大量高素质人才，营造自由、开放、包容的创新文化氛围，通过提供高质量教育与培训资源，培育创新型国际化人才，推动创新发展水平的提高，假设 H2 成立。

（三）稳健性检验

为验证结论的可靠性，本文采用如下方式进行稳健性检验：一是滞后一期被解释变量，考虑到自由贸易试验区设立对创新发展水平的影响存在滞后性，因此将被解释变量滞后一期；二是替换因变量，考虑到创新发展水平仅用专利申请量表示较为片面，因此改变因变量，利用专利授权量代表创新发展水平，以检验结果的可靠性。稳健性结果如表 5 所示。

表 5　　　　　　　　　　　　　　　　稳健性检验

变量	(1) 创新	(2) 金融效率	(3) 创新	(4) 产业集聚	(5) 创新	(6) 人力资本	(7) 创新
自由贸易试验区	3. 422 *** (11. 63)	0. 118 *** (3. 01)	2. 837 *** (6. 37)	1. 518 *** (6. 76)	2. 033 *** (7. 62)	0. 947 *** (7. 85)	2. 376 *** (9. 93)
金融效率			4. 957 *** (8. 60)				
产业集聚					0. 917 *** (17. 21)		
人力资本							1. 108 *** (16. 41)
常数	5. 092 *** (60. 12)	0. 713 *** (126. 36)	1. 554 *** (3. 72)	0. 865 *** (17. 65)	4. 295 *** (49. 44)	4. 771 *** (120. 83)	− 0. 200 (− 0. 62)
观测值	653	656	653	656	653	656	653
R^2	0. 079	0. 022	0. 185	0. 047	0. 343	0. 029	0. 325
调整后的 R^2	0. 0780	0. 0200	0. 182	0. 0459	0. 341	0. 0279	0. 323
F	135. 2	9. 036	72. 10	45. 74	230. 4	61. 55	258. 8

注：括号里为 t 统计量。*** 、** 、* 分别表示在 1% 、5% 和 10% 的显著性水平上显著。

五、结论与政策建议

（一）结论

本文在理论分析基础上，基于 2004～2019 年长三角地区城市面板数据检验了自由贸易试验区设立对创新发展水平的影响，同时深入探讨了金融效率、产业集聚以及人力资本在其中的中介效应。主要结论概括如下：自由贸易试验区设立显著抑制了创新发展水平的提升。研究还发现，自由贸易试验区有利于提升金融效率、产业集聚和人力资本，进而促进区域创新水平跃升（leapfrogging）。

本文的理论贡献如下。

第一，基于多时点 DID、平行趋势检验、随机安慰剂检验等，系统探究了自由贸易试验区如何赋能区域创新跃升，为优化区域创新系统提供决策参考。

第二，深入考察了自由贸易试验区如何影响金融效率，并赋能区域创新发展水平跃升。研究证实了自由贸易试验区的设立能够显著促进金融效率的提升，进一步提升创新发展水平。

第三，深入探讨了自由贸易试验区如何影响产业集聚与区域创新发展水平。研究发现，自由贸易试验区的设立能够显著促进产业集聚，并进一步推动创新发展水平的提升。

第四，系统分析了自由贸易试验区如何影响人力资本与区域创新发展水平跃升。研究结果表明，自由贸易试验区的设立能够显著促进人力资本的积累和流动，并赋能区域创新水平跃升。

（二）政策建议

根据以上结果，本文得出如下政策启示。

第一，优化自由贸易试验区设立策略与定位。深入剖析区域经济发展需求与优势，明确自由贸易试验区的功能定位，确保其与区域发展目标高度契合。在制定自由贸易试验区设立方案时，应充分考虑当地产业结构、资源禀赋、创新能力等因素，确保自由贸易试验区能够成为推动区域经济发展的重要引擎。借鉴国内外自由贸易试验区的成功经验，结合区域特色，形成具有差异化竞争优势的自由贸易试验区发展模式。注重自由贸易试验区在制度创新、贸易便利化、投资自由化等方面先行先试，为区域经济发展提供新动力。

第二，提升金融效率，强化金融服务实体经济。自贸区作为金融创新的试验田，应积极探索金融市场的开放与创新。鼓励区内金融机构开展跨境金融服务，推动金融资本跨境流动，提升自贸区金融市场的国际竞争力。引入先进的金融科技手段，如区块链、大数据、人工智能等，推动金融服务智能化、自动化发展，提升金融服务效率和用户体验。同时，通过技术创新降低交易成本，提高金融市场的运行效率。

第三，推动产业集聚，构建现代化产业体系。加强与周边地区的产业合作，建立紧密的产业链上下游关系，形成协同发展的良好格局。通过区域间的产业分工与协作，实现资源共享、优势互补，共同打造具有竞争力的产业集群。鼓励企业加大研发投入，推动产业技术创新和转型升级。通过引进先进技术、培育创新型人才等措施，提升产业的附加值和核心竞争力。支持企业引进和应用智能制造、大数据、云计算等先进技术，推动产业智能化发展。通过提高生产效率和产品质量，降低运营成本，增强企业的市场竞争力。

第四，加强人力资本培育与引进。建立自由贸易试验区人才交流平台，促进人才之间的交流与合作。加强与国内外人才市场的联系，吸引更多优秀人才来自由贸易试验区发展。同时，推动自由贸易试验区人才"走出去"，参与国际交流与合作，提升自由贸易试验区在国际人才市场的影响力。制定针对自由贸易试验区人才发展的专项政策，提供优惠的税收、住房、教育等条件，吸引和留住高层次创新人才。设立人才发展基金，支持人才培训、创业创新、成果转化等活动，促进人才资源的优化配置。

参考文献

[1] 蔡晓慧，茹玉骢. 地方政府基础设施投资会抑制企业技术创新吗？——基于中国制造业企业数据的经验研究 [J]. 管理世界，2016（11）：32-52.

[2] 黄玖立，周璇. 定制化与地方保护主义：经验证据及对自由贸易试验区建设的启示 [J]. 管理世界，2018，34（12）：56-66.

[3] 刘慧，綦建红. FTA 网络的企业创新效应：从被动嵌入到主动利用 [J]. 世界经济，2021，44（3）：3-31.

[4] 唐松，伍旭川，祝佳. 数字金融与企业技术创新——结构特征、机制识别与金融监管下的效应差异 [J]. 管理世界，2020，36（5）：52-66+9.

[5] 王军，马骁，张毅. 自由贸易试验区设立促进经济高质量发展的政策效应评估——来自资源配置的解释 [J]. 学习与探索，2023（1）：127-137.

[6] 王亚飞，石铭，张毅. 自由贸易试验区设立促进了城市经济高质量发展吗——基于中国 268 个城市的准自然实验 [J]. 当代经济研究，2023

（6）：102 - 118.

［7］杨力，刘敦虎，魏奇锋.共生理论下区域创新生态系统能级提升研究［J］.科学学研究，2023，41（10）：1897 - 1909.

［8］周佳丽，湛泳，邓梦丽.短贷长投是否会抑制企业突破式创新？［J］.科学决策，2024（1）：72 - 86.

［9］朱艳丽，刘丽丽.市场分割是否抑制双元创新——基于区域特征的调节作用［J］.中国科技论坛，2024（2）：82 - 93.

［10］Bi S, Shao L, Tu C, et al. Achieving carbon neutrality: the effect of China pilot Free Trade Zone policy on green technology innovation［J］. Environmental Science and Pollution Research, 2023, 30（17）：50234 - 50247.

［11］Cai J, Xin K, Zhou Y. A dynamic panel data approach and HCW's method: Assessing the effect of China（Shanghai）Free Trade Zone on local GDP［J］. Journal of Management Science and Engineering. 2021, 6（3）：249 - 267.

［12］Felkner J S, Townsend R M. The geographic concentration of enterprise in developing countries［J］. The Quarterly Journal of Economics, 2011, 126（4）：2005 - 2061.

［13］Ge QQ, Liu X H, Zhang Y C, et al. Has China's Free Trade Zone policy promoted the upgrading of service industry structure?: Based on the empirical test of 185 prefecture-level cities in China［J］. Economic Analysis and Policy. 2023, 80：1171 - 1186.

［14］Guo D, Jiang K, Xu C G, et al. Geographic clusters, regional productivity and resource reallocation across firms: Evidence from China［J］. Research Policy, 2023, 52（2）：104691.

［15］Li S, Liu J, Kong Y. Pilot free trade zones and Chinese port-listedcompanies performance: An empirical research based on quasi-natural experiment［J］. Transport Policy, 2021, 111：125 - 137.

［16］Li Z, Pang S, Zhu Z. The impact of pilot free trade zones on entrepreneurship: Evidence from a quasi-natural experiment in China［J］. Socio - Economic Planning Sciences, 2024, 92：101801.

［17］Ning L T, Wang F, Li J. Urban innovation, regional externalities of foreign direct investment and industrial agglomeration: Evidence from Chinese cities［J］. Research Policy, 2016, 45（4）：830 - 843.

［18］Obschonka M, Tavassoli S, P. Rentfrow P J, et al. Innovation and inter-city knowledge spillovers: Social, geographical, and technological connectedness and psychological openness［J］. Research Policy, 2023, 52（8）：104849.

［19］Romer P. Endogenous Technological Change［J］. Journal of Political

Economy, 1990, 98 (5): 71 - 102.

[20] Rousselière D, Bouchard M J, Rousselière S. How does the social economy contribute to social and environmental innovation? Evidence of direct and indirect effects from a European survey [J]. Research Policy, 2024, 53 (5): 104991.

[21] Wang L, Liu Z, Shi H. The impact of the pilot free trade zone on regional financial development [J]. China & World Economy, 2022, 30 (5): 154 - 184.

Free Trade Area and Regional Innovation Leapfrogging in Yangtze River Delta

—New Evidence via Staggered DID Quasi-natural Experiments

Sun Jiayi   Wang Lichun   Long Xingle

［**Abstract**］This study uses the panel data of the Yangtze River Delta region from 2004 to 2019, and empirically tests the roles of the establishment of FTZs on the level of innovative development from three aspects: financial efficiency, industrial agglomeration, and human capital. The key research contents are as follows: The establishment of FTZs has a significant promoting effect on the improvement of financial efficiency, and financial efficiency is an intermediate medium between the establishment of FTZs and the level of innovative development; The establishment of FTZs has a significant promoting effect on regional economic agglomeration, and industrial agglomeration is an intermediate medium between the establishment of free trade zones and the level of innovative development; The establishment of FTZs has a significant promoting effect on human capital, and human capital is an intermediate medium between the establishment of FTZs and the level of innovative development. These research results provide important references for the formulation and implementation of FTZ policy, and also provide in-depth theoretical support for understanding the mechanism of action of FTZs in innovative development. Future research can further explore other potential influencing factors, as well as the differential impact of FTZ policy on different regions and industries.

［**Key Words**］The Yangtze River Delta Free Pilot Trade Zone　innovation　industrial agglomeration　financial efficiency　human capital

JEL Classifications: F1; Q3

山东自贸试验区联动创新区
建设成效、问题与对策

▶ 杨 林 王湛博 崔玉虎* ◀

【摘 要】自贸试验区高质量建设的重要抓手是推动"自贸试验区 + 联动创新区"的发展。山东自贸试验区高度重视联动创新区建设，较早布局"双区"联动，形成了特色创新联动机制，已取得多项制度创新成果，对我国推动联动创新区建设具有重要的借鉴意义及研究价值。基于此，本文对山东自贸试验区联动创新区当前建设成果进行总结，从政策体系、产业布局与市场环境等方面分析当前联动创新区发展过程中所面临的问题，并从强化政策实施力度、推动产业结构升级、降低市场准入壁垒和拓宽金融支持方式等层面提出针对性建议，旨在进一步放大山东自贸试验区制度创新溢出效应，进而为国家高质量发展贡献更多"山东自贸方案"。

【关键词】山东自贸试验区 联动创新区 创新开放 对策建议

一、引 言

建设自贸试验区是以习近平同志为核心的党中央在新时代推进改革开放的重要战略举措。2022 年 10 月，党的二十大部署实施自由贸易试验区提升战略，将自由贸易试验区建设提高到国家战略层面（李江涛和仲伟东，2024）。这为我们在新征程上深入推进自贸试验区建设指明了前进方向，提供了根本遵循。当前中国已形成涵盖 21 个自贸试验区及海南自由贸易港的"雁阵"，构建起覆盖东西南北中的改革开放创新格局（佟家栋等，2022；李俊，2023）。其

* 杨林，山东大学商学院教授、博士生导师，通信地址：山东省威海市环翠区文化西路 180 号，电子信箱：yanglin2128@126.com。王湛博，山东大学商学院硕士研究生。崔玉虎（通讯作者），山东大学商学院博士研究生，通信地址：山东省威海市环翠区文化西路 180 号，邮政编码：264209，电子邮箱：cui19982020@163.com。

中，中国（山东）自由贸易试验区（以下简称"山东自贸试验区"）自 2019 年获批以来，立足新发展阶段，锚定自贸试验区对外开放"先行区"、改革创新"试验田"的战略定位，通过大范围、广领域以及深层次的改革和探索，以源源不断的创新成果赋能高质量发展，为山东经济发展转型升级发挥了排头兵作用（刘文和程海文，2024）。中国自贸区建设已走过十个年头，期间取得了诸多成果，正在迈入新的发展阶段，未来为进一步推进自贸试验区高质量建设，加快"自贸试验区 + 联动创新区"联动创新发展将是重要抓手。

作为自贸试验区扩区的基础区和先行区，联动创新区聚焦国家重大战略，服务区域协调发展，是推进制度创新、扩大对外开放的重要平台。党的二十大报告明确指出要实施自由贸易试验区提升战略，扩大面向全球的高标准自由贸易区网络。自贸试验区提升战略是当今自贸试验区发展的应有之义，加快自贸试验区与综保区、经开区等功能区的联动创新区建设则是其中的重要环节，要做好联动创新及协同发展的分阶段规划和高水平融合。在我国 22 个自贸试验区中，山东自贸试验区率先规划，整体布局，于 2022 年 3 月提前出台《中国（山东）自由贸易试验区联动创新区建设实施方案》（以下简称《建设方案》），以济南、青岛、烟台三个自贸片区为重要依托，以产业联动为主线，以制度创新为核心，以政策互惠为保障，以平台共享为支撑，以差异化发展为主旨，以可持续推广为基本要求，推动形成市场相通、规则相联、产业相融、创新相促的发展格局，整体提升综合竞争力和对外开放影响力。自贸试验区与联动创新区二者相辅相成，自贸试验区精准服务国家区域协调发展战略，而联动创新区可拓宽核心区创新空间（孔庆峰，2023）。由此可知，建设联动创新区对推动山东自贸试验区高质量发展具有重要的理论价值与现实意义。

为此，就山东自贸试验区联动创新区建设现状，课题组对联动创新区当前建设成果进行了总结，详细梳理了联动创新区建设过程中的重难点问题，进而提出针对性发展对策，以强化省内各城市间的协同发展效能，为山东经济高质量发展奠定坚实基础。

二、山东自贸试验区联动创新区建设成效

（一）联动创新建设整体成效显著

自《建设方案》实施以来，山东省首批 17 个省级联动创新区积极参

与建设，各联动创新区以山东自贸试验区典型经验为支撑，充分结合区域资源禀赋，努力推动制度创新与对外开放，强化联动试验、探索高水平开放新路径，并做好创新成果复制推广工作，已取得多项制度创新成果。

从总体情况看，山东自贸试验区自 2019 年挂牌以来，全面落实国家赋予的战略定位，扎实推进各项试点任务，试点任务推行速度快于同批次自贸区均值，三年来累计形成 189 项省级以上制度创新成果，数量位居同批次自贸区前列，成果丰硕，推动高质量发展效果突出，其中联动创新区与自贸试验区合作紧密，双区协同发展，实现了全国首个蓝碳监测和评估研究中心、全国首个海洋深水采油树系统国产化项目等一批"首字号"项目落地。

从联动集成创新看，山东自贸试验区与联动创新区围绕企业生命全周期、国际贸易全流程、金融服务全场景、知识产权全链条开展集成创新，已形成诸多制度创新举措。济南片区及其下属联动创新区已初步建立政策互惠和交流机制；青岛片区及其下属联动创新区已建立项目合作平台，初步实现了产业联动发展；烟台片区及其下属联动创新区加强人才技术联动合作，打造双区深度融合新途径。

2023 年全年，山东自贸试验区联动创新区共完成 35 项联动任务，全省首批 17 个省级联动创新区均完成了年度任务清单，实现全年任务完成率 100%；从各联动创新区建设情况汇报来看，已有 5 个联动创新区开展差异化探索工作，5 个联动创新区与其所属自贸片区形成联动案例，6 个联动创新区成功落地新业态新模式，各联动创新区建设呈现竞相创新、百花齐放的特点（见表1）。此外，省级联动创新区全年形成典型案例共 44 项，其中德州经开区数量最多，共形成典型案例 6 项，助力山东自贸试验区更大范围地复制推广创新成果（见表2）。

表1　　　　　　　　各联动创新区具体分类推进完成情况

分类	具体联动区	个数
开展差异化探索	济宁高新区、淄博高新区、阳谷经开区、邹平经开区、潍坊滨海经开区	5
落地新业态新模式	东阿经开区、淄博高新区、潍坊滨海经开区、日照综保区、临沂综保区、阳谷经开区	6
形成联动案例	东阿经开区、威海经开区、阳谷经开区、潍坊滨海经开区、威海南海经开区	5

表 2   各联动创新区整体推进情况表

联动创新区	联动任务（35 项）		典型案例
	任务数	已完成	
菏泽经开区	2	2	2
东阿经开区	1	1	1
德州经开区	1	1	6
济宁高新区	1	1	1
淄博高新区	1	1	5
泰安高新区	3	3	2
日照综保区	5	5	5
阳谷经开区	1	1	2
滕州经开区	2	2	1
邹平经开区	2	2	3
临沂综保区	2	2	3
潍坊滨海经开区	4	4	4
威海南海新区	2	2	2
威海经开区	2	2	2
威海高新区	2	2	1
日照经开区	2	2	3
东营高新区	2	2	1
合计	35	35	44

（二）联动创新具体目标实现突破

1. 对外开放水平迈上新高度

实行高水平对外开放，是以习近平同志为核心的党中央统筹做出的重大战略部署（胡立升，2024）。践行高水平对外开放离不开自由贸易试验区发展，在山东自贸试验区已发展到新阶段的背景下，联动创新区的作用将日益凸显。自《建设方案》实施以来，省级联动创新区明确自身定位，积极向上联动，依托所属片区搭建对外沟通合作平台，在更大范围、更宽领域、更深层次扩大开放，已在外贸融资、贸易便利化等方面取得积极成效。

（1）外贸融资方面。首先，济南片区整合"单一窗口"大数据平台与金融服务，实现外贸融资模式的创新，并根据不同联动创新区的需求推广，为外贸企业提供金融评估与融资服务。其次，邹平经开区借鉴青岛片区

"中小微企业全要素公益性金融服务平台"经验，设立普惠金融超市，推出针对外向型企业的定制金融产品，以满足其资金需求。最后，日照经济技术开发区与烟台片区协同推进"黄海之链"供应链金融，有效解决了银企信息不对称的问题，赋能产业链上中小微企业降低融资成本，保障供应链产业链稳定。

（2）贸易便利化方面。首先，济南片区一方面推广"链上自贸"进口商品展销新模式，在各市综合保税区设置展销中心让更多市民享受到自贸红利，这种模式不仅扩大了对外开放的范围，也促进了贸易便利化的建设；另一方面举办第二届"国际贸易数字化创新发展论坛"，邀请各联动创新区企业参与，与行业协会、专家学者、主管部门一起讨论解决方案及实施路径。此外，济南片区与德州联动开展通关便利化改革试点，允许食品加工企业自主进口药食同源商品，打通产业链的关键堵点，进而推动食品加工等特色产业的集聚发展。其次，青岛片区联动阳谷经开区实施的进口铜精矿"两段监管"新模式，显著提升了货物通关效率，将铜矿进口通关时间从10天缩短至5~7天，为每笔进口铜矿节省了1%的资金成本，这不仅优化了铜矿的供应链，也促进了整体贸易效率的提升。最后，烟台片区积极向下属联动创新区推广经验、共享平台。一方面，日照经济技术开发区成功复制了烟台片区成品油零售企业智慧物联网税务管理新模式，预计年新增地方税收200万元以上；另一方面，东营高新区跨境电商企业共享烟台跨境贸易综合服务平台，帮助跨境电商享受从生产到成交的全流程便捷式服务。

2. 产业创新联动取得新成果

产业创新是经济结构调整、培育增长动力的有力支撑，能有效培育新质生产力，进而推动高质量发展。区域制度环境在影响高技术产业创新质量过程中起着重要作用（刘永松等，2021），而联动创新区作为推动制度创新的载体，无疑是推动高技术产业迈向更高创新层次不可或缺的一环。自《建设方案》实施以来，省级联动创新区紧扣国家战略，立足其发展基础和产业优势，在联动产业创新方面精准发力，助力山东自贸试验区高质量发展，已在产业创新、新业态建设等方面取得了积极成效。

（1）新业态建设方面。首先，济南片区联动济宁高新区搭建中国农创港（济宁）跨境电商产业园，并落地山兔（山东）科技发展有限公司，提供便捷的免关税商品购买渠道，显著降低了跨境电商的购物门槛，预计年底前可实现3 000万美元订单数据，带来进出口业绩显著提升。其次，青岛片区在新业态建设方面表现尤为突出，已建设4个具有新业态新模式的联动创新区。特别是与潍坊滨海经开区合作，成功开创了农化植保产品的跨境电商B2B出口模式，使滨海经开区2023年上半年跨境电商出口额同比增长400%。这一模式不仅实现了全国农药产品跨境电商9710出口首单（见表3），还为农药企业拓展国际市场提供了新路径，成为联动创新的典型案例。最后，烟台片区积极推动新业态发展，在海洋经济发展等方面已取得了系列成果，其中联合南海新区首创的"海草床、海藻场碳汇贷"信贷模式，将生态价值转化为经济价值，展示了金融与生态保护结合的潜力，为全国生态信贷的发展提供了创新范例。

表3　　　　　　　　　　跨境电商9710与9810区别

项目	9710	9810
适用范围	适用于跨境电商B2B模式下，企业直接出口至境外买家的货物	适用于跨境电商出口至海外仓，再由海外仓发往境外买家的货物
企业管理	企业需依据海关报关单位注册登记管理有关规定，向所在地海关完成注册登记	涉及出口海外仓业务的跨境电商企业，除完成基础注册外，还需在海关进行出口海外仓业务模式的备案登记
通关管理	跨境电商企业或其委托的代理报关企业、境内跨境电商平台企业、物流企业应通过国际贸易"单一窗口"或"互联网—海关"向海关提交申报数据、传输电子信息，并对数据真实性承担相应法律责任。此外，跨境电商B2B出口货物应当符合检验检疫相关规定	

（2）联动产业创新方面。首先，济南片区与德州经开区联动搭建了先进医疗技术临床转化服务平台，推动了德州医院医疗项目在平台产业化落地，提升了当地医疗技术市场应用能力，并推动了片区文化出口基地和德州董子文化街合作，依托济南片区鲁粤澳出海通道链接港澳市场，增强了文化产品的国际影响力。此外，东阿经开区联动济南片区搭建"食品药品检验检测联动创新平台"，推动了东阿阿胶、东方阿胶等医养龙头企业产品检测效率提高30%，强化了产品质量控制，有效提升了片区食品药品产业的国际竞争力。其次，青岛片区开放跨境电商、大宗商品交易、供应链金融、易货贸易等产业平台资源，推进联动创新区国际贸易产业创新升级，促进了企业拓展海外市场，降低了贸易成本。其中包括联动日照综保区开设进口商品展示直营中心，搭建跨境电商保税备货仓库，并创新打造"旅游+新零售"跨境购物新模式，树立了消费新业态。最后，烟台片区重点突出金融推动产业创新、功能园区多方创新合作等联动工作，协同日照经济技术开发区以港口业务为试点，在全国首创信用证押汇电子仓单质押融资模式，在全国范围内为供应链融资提供了新的解决方案。

3. 营商环境优化达成新目标

优化营商环境是激发和提升市场经济活力、增强地区软实力和竞争力的关键环节，也是自贸试验区狠抓落实的核心工作之一（孔庆峰，2023）。从应对国际经贸规则的新变化和促进经济繁荣的角度分析，建立自贸区及联动创新区是为了建立良好的营商环境（徐明强和董大海，2020）。自《建设方案》出台以来，省级联动创新区逐步建立起与山东自贸试验区相适应的制度体系，复制可推广改革经验，放大改革综合效应，形成了便利化、市场化、法治化、国际化的营商环境。

首先，济南片区统筹联动创新区开展优化营商环境服务产业链建设。片区联动淄博提升工业项目落地投产速度，集成"用地前""用地中""用地后"48 项服务，成功入选 2022 年全国营商环境创新发展典型宣传推广案例；联动泰安创新标准化、规范化、便利化、数字化政务服务体系，线下设立了特色服务专窗，线上推出 43 项服务事项，实现了政务服务的深度融合；联动菏泽创新"极速审批"工作模式，目前在全市率先实行，通过对满足条件的审批事项实行"极速审批"，优化审批环节，将处理时间缩短了 67%；联动济宁创新电子营业执照在互联网接入领域的推广应用，成功申请"电子营业执照＋移动入网"融合应用国家级改革试点，显著提升了市场主体登记服务的便利性。

其次，青岛片区助力联动创新区复制推广营商环境改革成果。青岛片区整理现有制度创新成果案例，打造自贸创新成果包，指导联动创新区深化"放管服"改革，推动片区改革试点经验在联动创新区的落地生根。目前，"智能登记""电子证照联展联用"等片区经验得到复制推广，"互联网＋政务服务"已获得普遍应用。此外，潍坊滨海经开区复制推广青岛港启运港退税政策，实施联合竣工验收和跨部门不动产单元码"一码关联"以及施工许可"五合一"电子化办理，显著提高了办事效率。日照综保区复制片区"企业简易注销"审批服务模式，办理时长由原来的 45 天压缩至 20 天，截至2023 年 10 月，累计为 627 家企业办理简易注销，现实价值已获得实践验证。

最后，烟台片区扩大营商环境制度创新覆盖面。烟台片区联动日照经开区构建以企业信用为基础的创新金融服务，为入驻平台企业提供"支付结算＋资金融通＋财资管理"的一体化金融综合服务解决方案，这一创新不仅利用先进技术和制度创新提升了金融服务水平，还注重惠企便民，支持现代化国际滨海城市的建设，为企业发展注入了新动能。

三、山东自贸试验区联动创新区
建设存在的问题与挑战

（一）问题识别原则

山东自贸试验区联动创新区建设问题的整体识别需要全面考虑目标、成效、问题和未来方向等多个因素，以进一步推动自贸试验区建设取得更好的成绩。而在识别问题的过程中需遵从以下原则（赵丙奇和李露丹，2020）。

1. 全面性原则

针对山东自贸试验区联动创新区建设过程中所面临的困境进行全面的考察与分析，避免片面或单一的认知。在问题识别过程中，要充分考虑与自贸区发展相关的因素，确保问题的全局性。

2. 客观性原则

对于山东自贸试验区联动创新区建设所面临的问题，要以客观的态度和方法进行识别，避免主观偏见的干扰。要以各联动创新区所提供的各项材料为主，同时兼顾调研实践过程中的反思，确保问题清晰明确。

3. 系统性原则

这一原则用来衡量决策是否能够保证整个被决策系统内外联系处于最佳状态。山东自贸试验区的发展是一个整体框架，应将问题置于一个系统的框架中进行思考和分析，从整体的角度把握问题的本质。问题识别的结果应该与研究领域的相关理论和概念相互补充和印证。

4. 实践性原则

实践是检验真理的唯一标准。问题识别需要与实际问题解决密切结合。课题组深入济南片区、青岛片区与烟台片区开展实地调研，全面了解各片区下属联动创新区建设任务的实际运行与落实情况，以期提出可行性建议和解决方案。

5. 多学科原则

联动创新区联动领域包含国际贸易、海洋经济等，所涉及的知识面广、复杂度高，单一学科背景则必然会产生偏误问题。课题组联合国际贸易、海洋经济、制度创新等多位专家学者，通过跨学科的研究方法，更全面、深入地理解和解决方案落实过程中的问题。

（二）存在的问题与挑战

山东自贸试验区高度重视联动创新区建设，促进"双区"联动创新发展，自《建设方案》出台以来取得了亮眼的成绩。但在各联动创新区建设过程中仍反映出一些问题，需要山东自贸试验区及各片区、联动创新区协同解决。因此，本节对照《建设方案》等文件要求，结合各联动创新区情况汇报，对其建设时遇到的问题进行初步整理，在此基础上对问题特征进行共性分析，为后续制定有效的解决对策提供现实依据。

1. 政策体系尚不完善

一是缺乏协同配套政策。山东自贸试验区和联动创新区之间的政策协同不够紧密，导致双方的政策配套不完善，部分自贸试验区经验暂时无法推广。自贸试验区作为为国家试制度、为地方谋发展、充分发挥改革开放作用的综合试验平台，区域开放水平较高，但作为联动创新区暂时无法取得相应的政策权限，难以获得更多的政策权限支持，很多业务尚不能开展。以贸易服务为例，自由贸易账户（FT 账户）的政策仅限于自贸试验区内企业申请，而联动创新区企业无法获得类似的政策支持。这种政策限制了联动创新区的业务开展，进而影响了其吸引和服务企业的能力。

二是部门之间协调不畅。制度创新工作涉及发改委、工信部、科技部、商务部、海关等多个部门，各部门在具体的工作中任务分工可能存在不明确的现象，在政策衔接和推进方面的协调度较低，使联动创新区与企业在创新发展过程中面临困难。当前，各联动创新区工作主要依靠政府层面推动，部门间可能存在合署办公的情况，同时联动创新区主要设立在各市开发区，开发区改革后，招商引资、经济建设等任务加重，分配到联动创新的资源和精力相对不足，使相关工作推进成效不理想。

三是双区事权受局限。山东自贸试验区和联动创新区提出的制度创新诉求可能涉及省级、国家级事权较多，需一事一议提报申请、研究和解决，目前缺乏常态化、快捷对上协调机制和督促上级部门回应解决机制，片区和联动创新区自主对接省有关部门难度较大，影响了联动创新的实施进度及效果。

2. 产业布局有待优化

一是创新资源分配不均衡。山东自贸试验区和联动创新区之间的创新资源分配不均衡，导致创新能力较弱的地区发展滞后。自贸试验区作为改革试点先行区，拥有较为丰富的创新资源和政策支持，并由此取得了一系列可复制推广的制度创新成果。而联动创新区作为推广优质制度创新成果的关键载体，由于起步较晚、基础较弱，许多园区的创新资源相对匮乏，科技含量较低，产品附加值不高。这种资源分配不均衡的现象使联动创新区在与自贸试验区的合作中处于劣势，限制了其自身的发展空间和潜力。具体来说，联动创新区在科研基础设施、科技成果转化、人才培养等方面的资源相对不足。这不仅影响着区域内部的产业发展，也制约着与自贸试验区的深度合作。

二是产业互补性不强。目前山东自贸试验区各片区与下属联动创新区之间的产业链条完整度较弱，合作关系不够平衡，导致部分地区仍然存在着同质化竞争和资源浪费的问题。以济南片区为例，自贸试验区与联动创新区产业互补性不够强，济南片区的医药产业发展虽然取得了一定的成就，但由于部分联动创新区缺乏相关产业支撑，片区制度创新成果难以得到有效应用和推广。同时，部分联动创新区对制度创新的作用理解不到位，无法依据自身产业发展情况提出明确的制度创新诉求。这种情况使其不能有效应用和转化自贸试验区的制度创新成果，成果复制推广工作的实际价值不高，进而不利于省内的区域协调发展。

3. 市场环境有待提升

一是市场准入壁垒高。市场准入壁垒是制约企业在"双区"间跨区域经营的重要因素。目前山东自贸试验区和联动创新区之间的市场准入壁垒仍然相对较高。一方面，部分行业仍然存在行政审批难、市场准入门槛高等问题，且不同区域的资源禀赋与制度要求等存在差异，进而限制了企业的发展，影响了省域经济的整体活力。另一方面，区域市场主体缺少创新的意愿。企业在发展的过程中，往往趋向政府引导，内部缺少科创、数字技术等方面人才，创新能力不足，对创新过程中的成本、要素等有顾虑，争创首单业务的意愿不强。

二是金融支持不足。金融支持是推动市场主体创新创业活动的重要保障。然而，目前山东自贸试验区和联动创新区的金融支持体系仍有待完善，在一定程度上影响着区域创新创业活动。例如，增强科创、金融和数字技术对平台建设和产业发展的支持，需要对相关项目进行软硬件的改造和提升，具体项目包括货兑宝平台的中储仓库数字化改造、跨境电商保税新零售的展厅布置、同仓调拨的保税仓改造等。但上述项目在政府层面上给予融资支持的困难较大，进而阻碍了创新活动进展。

四、山东自贸试验区联动创新区建设优化对策

（一）完善政策体系

1. 加强政策协同力度

山东省各级政府部门应加强沟通合作，共同制定一体化的政策措施，确保山东自贸试验区和联动创新区之间的政策配套完善。

一是促进省级层面统筹协调。建立由省委改革办和省商务厅（自贸办）主导的省、市、区协作机制，统筹推进联动创新区建设。一方面，这一机制应包括定期召开关于联动创新区建设的专题会议，指导督促山东自贸试验区各片区与联动创新区的交流互动，按照国家部委和省自贸办复制推广的标准与要求，总结形成制度创新成果和最佳实践案例，让自贸创新成果更广泛地惠及联动创新区；另一方面，要加强对自贸区经验复制推广、联动创新区建设等相关内容的培训，组织各联动创新区到所属片区开展相关业务培训交流，

让更多市、县的部门参与进来，形成工作合力，确保自贸试验区的成果能够切实为联动创新区带来发展。

二是加大省级层面赋权力度。为提升审批效率并优化营商环境，应优先将那些市场主体反馈良好且与联动创新区产业发展密切相关的省级权力事项优先下放至具备承接能力的联动创新区。这不仅能提升地方政府"因地施策"的自主决策能力，还能通过缩短审批流程来降低企业的行政成本。要结合各联动创新区的功能定位和产业特色，重点推动企业准入、项目核准、国际贸易、招商引资、人才引进、金融服务和土地使用等领域的赋权工作。

三是创新构建发展容错机制。在推动联动创新区建设过程中，为避免政策不协调带来的负面影响，需要创新发展容错机制，以增强政策的适应性和灵活性。首先应实施容错试点机制，对部分联动创新区进行试点，允许其在联动创新过程中出现合理范围内的政策偏差，通过动态调整和完善容错机制，为政策优化提供实践依据。其次要建立企业和公众的政策反馈机制，鼓励社会主体对政策实施中的问题提出建议，定期收集和分析反馈，结合容错机制及时改进政策，以适应实际情况和需求变化，从而确保联动创新区建设走在正确道路上。

2. 提供制度层面支持

政府应加大对联动创新区的支持力度，包括政策支持、财政支持和资金扶持等。特别是在创新驱动和科技创新方面，政府应提供更多的科研经费和创新基金，引导企业加大研发投入和技术创新。

一方面，强化对山东自贸试验区的政策支持。充分发挥自贸试验区创新政策带动作用，根据产业联动需求，联动创新区应积极探索尝试并有针对性地复制自贸试验区创新成果，推动新业态业务发展，借助自贸试验区政策红利，加强在培育新业态、新模式业务方面的交流，促进制度创新、开放创新、科技创新的多维融合，优化产业结构，进一步扩大联动创新区重点产业发展规模，促进区域高质量发展。

另一方面，完善联动创新区创新激励机制。首先，探索建立科学且系统的制度创新成果评价激励机制，指导和引领联动创新区制度创新举措制定，对优质的制度创新成果给予一定经济激励，以支撑评价考核工作开展，推动各有关职能部门和联动创新区主动参与创新，形成驱动创新的良性循环。其次，引入市场机制，鼓励创新开发运营的机制与模式，实现投资管理的市场化、投资主体的多元化以及融资渠道的多样化，鼓励政府与社会资本合作，让更多的参与者加入，使其充分竞争，让市场的供需法则充分运作，加速提高联动创新区运营平台的市场化水平，打造有品牌、有影响、有市场的开发建设主体，形成一套成熟的开发运营体系。

（二）优化产业布局

1. 推动传统产业升级

山东自贸试验区和联动创新区应加强合作，共同推动传统优势产业向高端、绿色、智能方向转型升级。联动创新区应依托《建设方案》联动产业，结合本地区的资源禀赋、产业优势和自身发展情况，差异化发展培育联动创新探索事项，将创新发展工作与地方传统产业深度融合、互补联动，实现产业链闭合，在助力自身发展的基础上，有力推动山东经济高质量发展。

联动创新区推动传统产业升级要聚焦"五抓五促"。第一，抓高端化提升促结构升级。借鉴所属片区在研发支持和高端设备进出口方面的政策创新，推动传统产业升级至更高的价值链环节。第二，抓智能化改造促数实融合。复制山东自贸试验区在数字技术应用和智能制造的成果，通过政策支持和技术引导，促进传统产业的数字化转型。第三，抓绿色化转型促节能降碳。探索建立推广节能环保技术和绿色生产标准机制，减少能源消耗和碳排放，实现可持续发展。第四，抓集群化发展促生态融通。推动产业集群化布局，建设产业园区和创新基地，实现资源共享和上下游企业的协同发展，提升整体产业链的竞争力。第五，抓服务化延伸促模式创新。通过改善市场环境，引导企业拓展增值服务和创新业务模式，进而提升市场适应能力和客户满意度。

2. 培育发展新兴产业

联动创新区应贯彻落实国家方针战略，积极与山东自贸试验区联动合作，引导企业发展新兴产业，鼓励创新型企业的成长壮大。

一方面，建立创新平台和产业集聚区。各联动创新区应积极建设各种创新平台，如共享实验室、孵化器和加速器，以支持新兴产业的成长和发展。这些平台不仅可以为企业提供技术支持和资源共享，还能促进创业者、投资者和科研人员的交流与合作。通过建设产业集聚区，形成完善的产业生态系统，企业可以在资源、技术和市场方面获得更多的支持，进一步提升新兴产业的整体竞争力和市场份额。同时，这种集聚效应还能够吸引更多的投资者和合作伙伴，形成良性循环，推动整个区域的经济发展。

另一方面，实施龙头企业引领战略。各联动创新区应认定和引进一批具有雄厚基础和强大实力的龙头企业，积极开展国家级、省级龙头企业争创和招引工作，推动优质龙头企业集群发展，推动其在新兴产业中发挥示范作用。这些龙头企业不仅在技术、资金和市场方面具有优势，还可以通过自身的影响力带动相关产业的发展。政府应为这些企业提供政策和财政支持，如税收优惠、融资支持和市场拓展等，促进其在新兴产业中发挥领导作用。同时，通过与龙头企业合作，带动中小企业的技术提升和市场开拓，进一步推动产业链的升级和发展。

（三）改善市场环境

1. 降低市场准入壁垒

联动创新区应持续改善营商环境，加强市场监管，简化审批程序，降低市场准入壁垒，为企业提供更加公平和透明的市场环境。同时，联动创新区亦需加强知识产权保护相关制度创新，确保为企业研发创新活动提供坚实的制度保障，从而有效提升其市场竞争力。

一是优化市场准入监管。联动创新区应着力简化审批程序和规范市场准入标准。在简化审批程序方面，可通过整合审批流程和推动电子政务平台的应用，创建综合服务窗口和推行在线审批系统，使企业能够一次性提交申请材料，降低时间成本和行政负担，并实时追踪审批进度以提高审批效率和透明度。在规范市场准入标准方面，联动创新区应着重复制推广该领域的制度创新，明确和公开市场准入标准，避免因地方保护主义和不规范操作而形成市场壁垒，进而为新兴企业和中小企业提供更多发展机会。

二是落实公平竞争政策。联动创新区应加强反垄断和反不正当竞争的监管，同时建立有效的市场监督和维权机制。首先，严厉打击垄断行为和不正当竞争是保护市场公平的基础，要加强反垄断执法，防止滥用行政权力限制竞争。其次，探索建立健全的投诉举报机制，让企业和公众有渠道举报市场不正当行为，并及时处理含有地方保护、市场分割、指定交易等妨碍统一市场和公平竞争的投诉案件。此外，优化特许经营权及其他市场特权的授予程序，确保程序透明公正，符合竞争中立原则。

三是推行国产化互认证。在对接高标准经贸规则时，国产化互认证有助于降低其他国家或地区对于中国产品的市场准入壁垒。在国际贸易中，很多国家会对进口产品进行认证，确保产品的质量和安全。通过国产化互认证，中国产品可以获得其他国家认证机构的承认，从而减少在其他国家市场上的认证负担，降低区内企业进入国际市场的难度。

2. 创新完善金融服务

联动创新区应加快建设金融中心，提供包括融资、投资、风险管理等多样化的金融服务，满足区内企业的金融需求，并推动金融科技的发展，提高金融服务的智能化水平。

一方面，设立联动创新区发展基金。各联动创新区应设立专门的联动创新区发展基金，以发挥基金的引导和撬动作用，支持创新型企业和重点产业项目的发展。该基金应重点资助具有高成长潜力和技术创新性的项目，缓解地方政府的资金压力，并注入区域经济发展活力。为确保基金的高效使用，应制定明确的基金管理和使用规定，包括项目申请、审核、资金分配和绩效评估等方面的规定。基金还可考虑引入外部投资者和合作伙伴，通过公私合营（PPP）模式，进一步扩大资金来源和使用效益，以实现更高的投资回报率和社会效益。

另一方面，优化投融资服务。各联动创新区应引导天使投资、产业引导基金和社会各类投资基金进入联动创新建设之中，加大对重点产业项目的投资力度。通过完善基金设立制度和投资管理机制，提供全周期、全链条的投后管理服务，支持重点产业的龙头企业和上市公司参与基金的设立和管理。此外，为提升用户体验和服务效率，应构建集成化的智能化金融服务平台，采用先进的加密技术和数据保护机制，通过加速金融机构的数字化转型来提升金融服务便利性。

参考文献

［1］胡立升.更好发挥税收作用服务高水平对外开放——以中国（浙江）自由贸易试验区宁波片区为例［J］.国际税收，2024（2）：58－63.

［2］李江涛，仲伟东.深入实施自贸试验区提升战略面临的挑战和路径选择［J］.中国党政干部论坛，2024（3）：75－79.

［3］李俊.自贸试验区数字贸易发展十年探索与未来展望［J］.人民论坛，2023（20）：60－64.

［4］刘文，程海文.中国自贸试验区的战略定位研究——基于山东自贸试验区与日韩的合作［J］.全球化，2024（3）：88－97，136.

［5］孔庆峰.中国自贸试验区十周年：成就、挑战与机遇［J］.人民论坛·学术前沿，2023（19）：84－95.

［6］刘永松，王婉楠，全涵煦.外部技术获取、区域制度环境与高技术产业创新质量［J］.云南财经大学学报，2021（10）：84－98.

［7］山东省人民政府办公厅.中国（山东）自由贸易试验区联动创新区建设实施方案［EB/OL］.http：//www.shandong.gov.cn/art/2022/4/22/art_100619_40429.html.

［8］佟家栋，张千，佟盟.中国自由贸易试验区的发展、现状与思考［J］.山东大学学报（哲学社会科学版），2022（4）：1－13.

［9］徐明强，董大海.中国自贸区营商环境的构成维度及影响因素研究［J］.管理案例研究与评论，2020，13（4）：460－475.

［10］赵丙奇，李露丹.中西部地区20省份普惠金融对精准扶贫的效果评价［J］.农业经济问题，2020（1）：104－113.

Shandong Pilot Free Trade Zone Linkage Innovation District Construction Effectiveness, Problems and Countermeasures

Yang Lin　Wang Zhanbo　Cui Yuhu

[**Abstract**] The important leverage to the high-quality construction of the Pilot Free Trade Zone is to promote the development of "Pilot Free Trade Zone + Linkage Innovation District". Shandong Pilot Free Trade Zone attaches great importance to the construction of linkage innovation zone, proposed earlier the layout of "dual-zone" linkage, promoted the formation of characteristics of the innovation linkage mechanism, and has achieved a number of system innovation results, which has an important reference significance and research value to promote the construction of linkage innovation district in China. Based on this, this paper summarizes and condenses the current construction results of Shandong Pilot Free Trade Zone Linkage Innovation District, analyses the problems faced in the development process of the Linkage Innovation District from the aspects of policy system, industrial layout and market environment, and puts forward targeted suggestions at the levels of strengthening policy implementation, promoting industrial structure upgrading, lowering market barriers to entry and broadening financial support, aiming to further amplify the spillover effect of system innovation in Shandong Pilot Free Trade Zone and then contribute more "Shandong Free Trade Programme" to the national high-quality development.

[**Key Words**] Shandong Pilot Free Trade Zone　linkage innovation zone　innovation and openness　countermeasures and suggestions

JEL Classifications: F1, F13

自由贸易试验区对中国城市全要素生产率的影响

——来自中国地级市的证据

▶余万林　罗锦隆*◀

【摘　要】自由贸易试验区（以下简称"自贸区"）作为一种制度创新成果，对我国对外贸易及经济增长构成了新的推动力。据此，本文将自贸区的设立作为一项准自然实验，利用 2008～2019 年中国 250 个地级市城市面板数据，采用 PSM–DID 方法考察了自贸区设立对中国城市全要素生产率的因果效应。结果显示：第一，自贸区设立显著促进了城市的全要素生产率（TFP）增长，且在区域维度呈现异质性特征；第二，动态效应检验表明，自贸区的促进作用随着时间的推移而逐步增大；第三，机制分析表明，自贸区的设立通过缓解区域内的资源错配即资源配置效应，以及通过增加高质量的制度供给即供给扩张效应共同提升城市 TFP。这为我国从规范资本投资和深化供给侧结构性改革等途径推进城市发展提供了重要的政策启示。

【关键词】自贸区　城市全要素生产率　资源配置　制度供给

一、引　言

自中国步入经济发展新阶段以来，自由贸易试验区（Pilot Free Trade Zone）作为政府促进地区协调发展、增加投资和产业结构转型的重要制度安排，发挥了先试先行的重要示范作用，为中国经济的高质量发展提供了重要的制度保障。从 2013 年中国（上海）自由贸易试验区的设立开始，截至 2022 年 3 月，我国

* 余万林，山东理工大学副教授，通信地址：山东省淄博市张店区新村西路 266 号，研究方向为国际金融与跨国投资。罗锦隆（通讯作者），山东理工大学硕士研究生，研究方向为产业经济学，通信地址：山东省淄博市张店区新村西路 266 号，邮政编码：255000，电子邮箱：yvaln@163.com。

自贸区先后经历了6次扩容，数量已经达到了21个，构建了"1+3+7+6+3"的发展布局，形成了东中西协调、海陆空统筹开放的新格局。从国家层面来看，自贸区的制度创新不仅与我国"一带一路"倡议等重大举措相契合，还能够赋予我国城市以自主权，强化各级政府的自主学习能力，有利于实现我国中央治理与地方治理的创新与现代化，推进我国经济高质量发展。

需要注意的是，本文所指的自贸区全称为自由贸易试验区，是中国经济发展的产物，与一般自由贸易区（Free Trade Area）具有显著的不同，其特点为制度性改革和由地区推广至全国（方显仓等，2018；张幼文，2019）。因此，设立自贸区是从制度创新角度促进经济全面增长和社会持续健康发展。

21个自贸区下共有70个自贸区片区，分布在中国52个城市中，这能够成为推动地区产业优化升级和区域协调发展的催化剂，其产生的制度红利，促进了经济发展、投资增加、就业扩大等。自贸区设立的初衷是营造良好的营商环境进而促进贸易和投资，设立自贸区是提高城市全要素生产率的重要手段。但是自贸区是否会促进城市的全要素生产率？自贸区究竟如何影响城市全要素生产率？对于这些问题，关于自贸区的相关文献并没有给出明确的答案。对自贸区制度创新性进行评估，对中国经济发展和地区先行具有重要的现实意义。

二、文 献 综 述

作为一项地区性的制度创新，国内外学者围绕自贸区的经济效应做了大量的研究。自贸区建设的早期形态是自由贸易园区（聂飞，2019），从理论上来说，自贸区能够带来一定的经济效应，通过给予地区更多的自主性可以使一部分人获益，但也因此会产生贸易扭曲（Hamada，1974）。考虑到关税壁垒对自贸区的影响，当该地区处于外资流入时，该国的社会福利将会下降（Hamilton，1982）。当进一步考虑到中间品影响时，进口减税能增加地区的总收入并增加就业（Young，1987）。对中国自贸区的实证研究，主要落脚到区内的对外投资（罗舟和胡尊国，2021；司春晓等，2021）、产业结构转型（李世杰和赵婷茹，2019；支宇鹏等，2021；赵亮，2021）和经济平稳运行发展（郎丽华和冯雪，2020）等。

自贸区设立之初，学者们对当时设立的自贸区进行了战略定位的划分，提出了各级指标的具体测算方法，构建了一套针对自贸区的综合绩效评价体系（刘晶、杨珍增，2016）；随后有学者指出，自贸区作为中国改革开放的新高地，应该把制度创新作为研究自贸区经济开放的关键（毛艳华，2018）；在自贸区的设立有了一定基础之后，陈林等（2019）检验了自贸区对于贸易红利、增长红利和投资红利的影响，并指出自贸区的设立能够有效促进前两者的发展，但是对所在地的外资利用水平并未产生明显的作用。也有部分学者对于其不显著影响外资利用水平的观点持有不同意见。罗舟和胡尊国（2021）运用 DID 模型检验得出自贸区的设立能够显著促进地区 FDI 的增长，并随着城市等级的升高呈现出"边际效应递减"的规律；司春晓等（2021）运用相同的方法还发现，自贸区的设立在对所在城市产生外资创造效应的同时，也对相邻城市产生了外资转移效应。

当谈及自贸区内部产业结构转型升级时，李世杰和赵婷茹（2019）针对上海自由贸易试验区进行实证检验发现，自贸区先行试验的政策能够显著促进产业结构的高级化，而对产业结构合理化的促进作用表现为前期作用显著，后期作用不明显；赵亮（2021）采用定性推演和逻辑演绎的方法，分别从区内视域、区外视域和区际视域三个角度梳理出自贸区驱动区域产业结构升级的渠道，这成为解决经济主要矛盾的关键；而支宇鹏等（2021）更进一步分析了产业结构升级的机理，从资源配置效率和制度供给两个角度实证检验了自贸区对产业结构转型升级的促进作用。自贸区对整个经济体发展的研究还要从郎丽华和冯雪（2020）首先通过数据包络分析法测算出各地区的全要素生产率波动率开始，该研究指出了自贸区的设立对经济平稳增长的重要贡献。

国内外文献涵盖了自贸区制度创新可能涉及的诸多经济效应，也肯定了自贸区对多数经济指标的积极影响，但仍然有三个问题值得探讨：第一，相关文献的视角主要集中在科研投入、FDI、城镇化水平、产业结构和制度环境等方面，却忽视了对全要素生产率这一主要推动力的直接评估；第二，相关文献只是从一个区域出发，单独研究某个自贸区的发展情况，忽视了全国范围内的总体情况；第三，部分文献在进行 PSM–DID 实证研究时，忽视了对数据处理部分的研究，或仅仅把此部分放在稳健性检验当中，没有把握住重点。

鉴于此，本文借鉴李嘉楠等（2016）的研究方法，将自贸区设立作为一项准自然实验，利用 2008～2019 年中国 250 个地级及以上城市面板数据，采用 PSM–DID 模型估计方法，实证考察了自贸区的设立与城市 TFP 的变动关系。本研究可能的贡献在于：（1）运用 PSM 的方法，使实验组和控制组的差异缩小，并运用 DID 方法分析自贸区影响城市 TFP 的机理；（2）探讨了自贸区影响城市 TFP 的异质性；（3）运用动态效应进一步分析了自贸区的促进作用过程和作用机制。

三、影响机制分析

自贸区有着比世界贸易组织更为优惠的贸易和投资政策，是中国制度创新的产物，准许外国商品豁免关税和自由进出是自贸区的主要特点，自贸区还完善了相应法律法规制度，并制定了高效便捷的监管制度，以提高区内的通关效率（聂飞，2019）。从理论上说，产业集聚是企业自发形成追求利益最大化的集群行动（郑江淮等，2008），其具有规模经济的本质特征，可以产生群体协同效应（Porter，1998），具有外部经济性和路径依赖特征（Krugman，1991）。自贸区在本质上为产业集聚的特殊化，是以国家政策的形式进行产业的集聚，可以通过产业关联、知识溢出等效应带动区域内经济发展，进而促进该地区全要素生产率提高。自贸区的设立能够为外商创造良好的投资环境，并且在行业上采取负面清单等不断放开外商投资限制的制度安排，使合同利用外资额和实际利用外资额都大幅度增加，同时也可以通过与自贸区的企业建立良好的产业联系，带动当地产业的发展，实现自贸区对所在地区发展的关联效应（司春晓等，2021）。自贸区的设立能够营造出优质的营商环境，对于国内外人才的就业具有强大的吸引力（曹翔等，2020），这有助于促进大量创新型人才在自贸区内聚集，进一步实现人才带来的先进技术的交流，知识外溢效果显著。随着自贸区的发展，一方面，各类产业的集聚能够使得产业内边际成本递减，另一方面，各行业间"知识外溢"与合作交流能够促进企业间的协同创新与互惠互利，从而有效提升地区的经济发展水平（罗舟和胡尊国，2021）。

据此，本文提出以下假说：

假说1：自贸区的设立对所在城市有产业溢出效应，进而促进 TFP 的提升。

根据新古典经济学可知，资本和劳动等生产要素在不同部门或者区域内的边际报酬存在差异。一般而言，生产要素会从低附加值、低效率的部门向高附加值、高效率的部门流动。资源的有效配置是指能够使社会整体产出最大化，即实现帕累托最优（白俊红和刘宇英，2018），而资源错配则是对这个最优配置状态的偏离（陈永伟，2013）。改革开放以来，中国的市场化水平得到提升，但仍然存在导致资源错配的体制（Brandt et al.，2013），中国的资本和劳动错配水平依然很高，资源错配程度持续加重将会对中国经济增长质量产生不利影响（孙光林等，2021）。对于资本而言，在市场化原则下，投资回报率和边际生产报酬是资本跨部门或跨区域流动的核心。相比其他部门或者区域，自贸区建设能够使区域内的市场化水平提升，企业可以享受金融、进出口贸易、投资等领域的"制度红利"和优惠政策，有效降低交易成本和生产成本，缓解企业的融资约束，进而提升区域内资本配置效率和对地区全要素生产率的贡献度。基于此，本文提出以下假说：

假说2：自贸区建设能够有效调节资源要素配置，促进城市全要素生产率的提高。

从制度经济学角度看，我国经济快速增长的根本动力源自渐进式的制度创新（Chan et al.，2015；叶修群，2018），而自贸区建设的核心任务就是通过制度创新来寻求从量到质的转变和突破，不再制造"政策洼地"。自贸区的制度优势可以整合全球创新创业资源，实现推动资本、人才、管理、技术等高端生产要素的再聚集，提高资源配置和分工效率（裴长洪和刘斌，2019），使自贸区的经济效应与政治效应实现良性互动和全面辐射（杨向东，2014），为经济高质量发展带来更多的"制度红利"（殷华和高维和，2017）。制度创新与制度供给相互依存，制度创新的结果是制度供给数量和质量的提升，而优良的制度供给的增加源自符合社会发展需求的制度创新。自贸区是中国制度创新的"试验田"，通过制定规则、创新规则和修正规则，把新的理念、方法、机构、法规和政策等引入原有的制度体系、政策体系和工作体系（刘志彪，2017），实施以制度创新为核心的职能改革，提供适应企业和市场发展需要的高质量的制度供给。对于企业而言，要素条件决定了生产成本，而良好的制度供给决定了交易成本和交易效率，可以充分发挥技术、人力、资本等经济要素的生产潜力（胡霞，2007），整合社会资源，进而促进地区全要素生产率的提高。基于此，本文提出以下假说：

假说3：自贸区建设通过制度供给效应，促进城市全要素生产率的提高。

四、识别方法、模型及数据

（一）识别方法

自贸区设立为本文研究提供了"准自然实验"，故本文运用 PSM – DID 的方法实证研究自贸区的设立对于当地 TFP 的影响。本文的基本思路是在未设立自贸区的控制组中找到城市 j，使 j 与设立自贸区的实验组中城市 i 的可观测变量尽可能相似，即 $X_i \approx X_j$。当城市的个体特征对是否设立自贸区的概率完全取决于可观测的控制变量时，DID 方法能够有效识别自贸区设立对区域内 TFP 的影响。本文运用 Logit 回归测算实验组与控制组变量倾向得分，并根据倾向得分，采用 k 阶近邻匹配法（k = 4）进行样本匹配，分析自贸区设立对城市全要素生产率及其构成要素的净效应。同时考虑到"一市多区"现象的存在以及部分地区数据缺失，通过筛选与匹配，我们选取了 2008～2019 年关键数据完整无缺的 250 个地级市作为研究对象，在上述地级市中设立了 19 个自贸区[①]，这 19 个地级市构成实验组，其余地级市则作为对照组进行分析。

---

① 2013 年 9 月（上海），2015 年 4 月（广州、深圳、珠海、天津、厦门、福州），2017 年 3 月（大连、沈阳、营口、舟山、郑州、开封、洛阳、武汉、宜昌、重庆、成都、泸州市、西安），共计19 个城市。而平潭、襄阳、杨凌示范区数据缺失严重，为了结果的稳健进行剔除处理。

（二）变量的测算与选取

1. 被解释变量

本文的被解释变量为全要素生产率，主要采用非参数的 DEA – Malmquist 指数法进行估计。DEA – Malmquist 是一种核算相对效率的方法，得出的全要素生产率变动率结果与前一期相比，大于 1 表示全要素生产率在增长，小于 1 表示全要素生产率在下降。对于资本的变量选择，本文借鉴刘秉镰（2009）的研究方法，以各城市各年度的固定资产投资额作为资本存量的替代。对于劳动变量的选择，本文延续多数研究所采用的办法，劳动力变量的具体指标采用从业人员数，它为年末单位从业人员之和。对于产出变量选择，本文以 2008 年价格水平平减后的实际 GDP 取对数值衡量城市的经济产出水平。

2. 解释变量

本文的主要解释变量为自贸区。$time_{it}$ 为时间虚拟变量，在自贸区设立前取值为 0，设立后取 1；$treated_{it}$ 为组间虚拟变量，设立自贸区城市取 1，未设立自贸区城市为 0；$treated_{it} \times time_{it}$ 为双重差分项，表示自贸试验区的设立。

3. 控制变量

控制变量包括：（1）地区经济发展水平（lnPGDP），用于表征各城市之间经济发展水平差异；（2）产业结构（lnIndustry），用于表征各城市地区之间产业结构的差异；（3）城镇化水平（lnUrban），用于表征各城市城镇化水平；（4）对外开放程度（lnFDI），使用实际利用外资的对数作为代理变量；（5）科技支出（lnsci），用于表征各城市地区之间创新能力的差异；（6）财政收入（lnfical），用于表征各城市之间收入情况。

4. 机制变量

为了更好地表征资本和劳动，本文借鉴白俊红（2018）的做法来计算资本和劳动错配指数。

假设生产函数为具有规模报酬不变的柯布—道格拉斯生产函数，具体形式如下：

$$Y_{it} = AK_{it}^{\beta_{Ki}} L_{it}^{1-\beta_{Ki}} \tag{1}$$

两边同时取对数，整理可得：

$$\ln\left(\frac{Y_{it}}{L_{it}}\right) = \ln A + \beta_{Ki} \ln\left(\frac{K_{it}}{L_{it}}\right) + \varepsilon_{it} \tag{2}$$

其中，产出变量（Y_{it}）为各省份的实际 GDP，劳动投入量（L_{it}）用各省份的年平均就业人数表示，资本投入量（K_{it}）用各省份的固定资本存量表示，使用永续盘存法来计算，公式如下：

$$K_t = \frac{I_t}{P_t} + (1-\sigma_t)K_{t-1} \tag{3}$$

其中，K_t 表示当期的固定资本存量，I_t 为第 t 年的固定资产投资，P_t 为对应的固定资产投资价格指数，σ_t 为折旧率，按照国内文献的通常做法，一般取 9.6% 。

对于第一期资本存量，直接使用：

$$K_t = \frac{I_t}{P_t} \tag{4}$$

由于各城市的经济和技术水平等存在差异，各城市的资本和劳动产出弹性可能不同，因而采用变截距、变斜率的变系数面板模型较为适宜。在具体估计时，可以在回归方程中引入各城市虚拟变量与解释变量的交互项，交互项系数即为该城市的资本产出弹性。

通过回归求出各城市资本产出弹性 β_{Ki} 之后，由于规模报酬不变，劳动产出弹性为 $\beta_{Li} = 1 - \beta_{Ki}$。

计算出资本和劳动产出弹性之后，分别代入式（5）与式（6），即可算出要素价格绝对扭曲系数：

$$\gamma_{Ki} = \left(\frac{K_i}{K} \right) \bigg/ \left(\frac{s_i \beta_{Ki}}{\beta_K} \right) \tag{5}$$

$$\gamma_{Li} = \left(\frac{L_i}{L} \right) \bigg/ \left(\frac{s_i \beta_{Li}}{\beta_L} \right) \tag{6}$$

其中，$s_i = \frac{y_i}{Y}$ 表示地区 i 的产出 y_i 占整个经济体产出 Y 的份额，$\beta_K = \sum_i^N s_i \beta_{Ki}$ 表示加权的资本贡献值，$\frac{K_i}{K}$ 表示地区 i 使用的资本占总资本的实际比例，而 $\frac{s_i \beta_{Ki}}{\beta_K}$ 是资本有效配置时地区 i 使用资本的理论比例。

二者的比值可以反映实际使用的资本量和有效配置时的偏离程度。若该比值大于 1，说明相对于整个经济体而言，地区的资本使用成本较低，该地区资本配置过度；反之，如果该比值小于 1，则表示该地区资本配置不足。

通过式（7），我们可以计算出资本错配指数 τ_{Ki} 和劳动错配指数 τ_{Li}：

$$\tau_{Ki} = \frac{1}{\gamma_{Ki}} - 1, \quad \tau_{Li} = \frac{1}{\gamma_{Li}} - 1 \tag{7}$$

考虑到该指数存在赋值，参考季书涵等（2016）的方法，对其取绝对值。

本文中的数据取自中国 30 个省份的 250 个城市（因部分城市数据缺失予以剔除），样本区间为 2008～2019 年。本文研究所涉及城市的就业数据来自《中国人口和就业统计年鉴》，城市财政支持数据来自《中国统计年鉴》，其余数据来自各省份统计年鉴和国家统计局数据库，个别缺失值通过插值法补齐。

（三）计量模型

本文基准计量模型设定如下：

$$TFP_{it} = \alpha_0 + \alpha_1 treated_{it} \times time_{it} + \sum_{i=1}^{N} \beta_j control_{it} + \mu_i + \gamma_t + \varepsilon_{it} \qquad (8)$$

其中，i 表示城市，t 表示年份。TFP_{it} 为被解释变量，表示城市 i 在 t 年的 TFP 情况。$time_{it}$ 为时间虚拟变量，在自贸区设立前取值为 0，设立后取 1；$treated_{it}$ 为组间虚拟变量，设立自贸区的城市取 1，未设立自贸区的城市为 0。$treated_{it} \times time_{it}$ 为双重差分项，回归系数 α_1 表示自贸区设立城市对其 TFP 的实际作用。本文将在多期 DID 回归中引入影响城市产业结构升级的各项控制变量 $control_{it}$，并引入双向固定效应 μ_i 和 γ_t 进行进一步分析。

借鉴安礼伟等（2020）的做法，构建机制检验模型如下：

$$\begin{aligned} TFP_{it} = {} & \delta_0 + \delta_1 treated_{it} \times time_{it} \times tauk_{it} + \delta_2 treated_{it} \times time_{it} \\ & + \delta_3 \times time_{it} \times tauk_{it} + \delta_4 treated_{it} \times tauk_{it} + \delta_5 tauk_{it} \\ & + \delta_6 \sum_{i=1}^{N} control_{it} + \mu_i + \gamma_t + \varepsilon_{1it} \end{aligned} \qquad (9)$$

$$\begin{aligned} TFP_{it} = {} & \delta_0 + \delta_1 treated_{it} \times time_{it} \times tauL_{it} + \delta_2 treated_{it} \times time_{it} \\ & + \delta_3 \times time_{it} \times tauL_{it} + \delta_4 treated_{it} \times tauL_{it} + \delta_5 tauL_{it} \\ & + \delta_6 \sum_{i=1}^{N} control_{it} + \mu_i + \gamma_t + \varepsilon_{1it} \end{aligned} \qquad (10)$$

$treated_{it} \times time_{it} \times tauk_{it}$ 前的系数 δ_1 为本文的主要考察对象。如果 δ_1 显著为正，表明自贸区的设立通过调节错配指数，提高城市 TFP，反之则表示阻碍城市 TFP 的发展。

下式展现了自贸区通过促进（或抑制）制度供给影响 TFP 的中介效应。

$$TFP_{it} = \delta_0 + ctreated_{it} \times time_{it} + \sum_{i=1}^{N} q_j control_{it} + \mu_i + \gamma_t + \varepsilon_{1it} \qquad (11)$$

$$lninst_{it} = \beta_0 + atreated_{it} \times time_{it} + \sum_{i=1}^{N} w_j control_{it} + \mu_i + \gamma_t + \varepsilon_{2it} \qquad (12)$$

$$TFP_{it} = \theta_1 + c'treated_{it} \times time_{it} + blninst_{it} + \sum_{i=1}^{N} e_j control_{it} + \mu_i + \gamma_t + \varepsilon_{3it} \qquad (13)$$

借鉴金培振（2019）的做法，选取各城市环境保护制度和知识产权制度作为衡量制度供给的指标，其中，$lninst_{it}$ 为城市 i 在 t 年的制度供给，该值越大表明制度供给水平越高。中介效应等于式（12）和式（13）关键变量系数的乘积，即 ab。按照中介效应逐步检验回归系数的做法，若式（11）至式（13）的关键系数都显著，即在 c、a 和 b 都显著的情形下，中介效应显著。

（四）倾向得分匹配（PSM）结果和描述性统计

1. 倾向得分匹配核密度函数图

用核密度函数检验 PSM 质量，实验组和控制组的核密度图重合部分越多则表明匹配效果越好。图 1 显示了实验组和控制组 PSM 前后核密度函数。图 1 显示，在 PSM 之前，控制组核密度图的偏度和峰度均与实验组偏离较大，在 PSM 之后，控制组与实验组前后核密度函数分布近乎重叠，表明匹配质量较好。这为本文进一步使用 DID 方法探究自贸区对城市 TFP 的影响奠定了良好的数据基础。

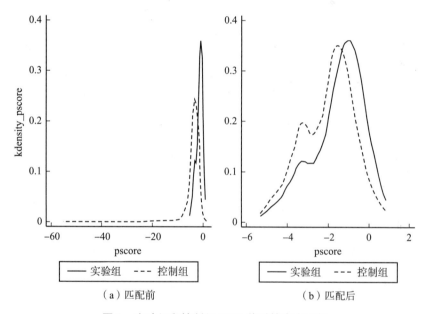

（a）匹配前　　　　　　　　　　（b）匹配后

图 1　实验组和控制组 PSM 前后核密度函数

2. 倾向得分匹配平衡性检验

为使 PSM 结果更具可靠性，其结果应满足"条件独立性假设"，即要求实验组与控制组城市在匹配变量上无明显差异。判断 PSM 是否有效的一般做法是查看匹配变量的标准偏差绝对值是否小于 20，标准偏差绝对值越小，匹配效果越佳。表 1 显示，匹配变量在 PSM 之后的标准偏差绝对值都显著下降。同时，在查看 T 检验相伴概率值后，发现 T 值不再显著，表明接受了匹配后匹配变量均值相等的原假设，即 PSM 有效。

3. 变量的描述性统计

表 2 报告了 PSM 后总样本主要变量的描述性统计结果。

表1　　　　　　　　　　　倾向评分匹配平衡性检验

匹配变量	样本匹配	均值		标准偏差（%）		T检验 P > |t|
		处理组	对照组	偏差	减少	
lnPGDP	匹配前	2.5429	1.3459	103.0	97.8	0.000
	匹配后	2.5429	2.5692	-2.3		0.826
lnurban	匹配前	-0.4882	-2.8056	41.1	98.9	0.000
	匹配后	-0.4882	-0.4634	-0.4		0.711
lnsci	匹配前	26.315	25.599	101.7	99.2	0.000
	匹配后	26.315	26.32	-0.8		0.932
lnFDI	匹配前	-3.6373	-4.6838	90.2	97.0	0.000
	匹配后	-3.6373	-3.6691	2.7		0.709
lnindustry	匹配前	3.814	3.8452	-15.1	73.0	0.053
	匹配后	3.814	3.8224	-4.1		0.658
lnfical	匹配前	-1.9372	-1.7973	-39.3	78.4	0.000
	匹配后	-1.9372	-1.9673	8.5		0.316

表2　　　　　　　　　　　描述性统计（总样本）

变量名称	变量含义	计算方法	样本量	均值	方差	最小值	最大值
lninst	制度供给	各地级市法律法规数量取对数	2 625	4.614	1.212	0	9.498
lnFDI	对外开放程度	实际利用外资取对数	2 460	-4.357	1.107	-8.944	-1.608
lnPGDP	经济发展水平	地区实际人均GDP取对数来衡量	2 616	1.505	1.224	-1.709	10.79
lnindustry	产业结构	"二产增加值/城市生产总值"取对数	2 625	3.855	0.229	2.747	4.511
lnsci	地区科研投入	政府科教支出取对数	2 625	25.70	0.667	22.35	28.00
lntfp	地区全要素生产率	DEA测算取对数处理	2 625	-0.280	0.297	-2.523	0.778
tauk	资本错配	如上文	2 625	0.672	0.709	0.001	6.871
taul	劳动错配	如上文	2 625	0.456	0.426	0.001	5.123
lnfical	财政收入	年度政府财政收入取对数	2 625	-1.813	0.445	-4.398	0.396
lnurban	城镇化水平	"非农就业人数/总就业人数"取对数	2 625	-1.170	2.364	-67.03	-0.002

五、实证分析

（一）单变量双重差分结果

本文采用单变量双重差分方法进行实证检验。具体而言，本文仍然将设立自贸区的城市作为实验组，其余城市设定为对照组。由于自贸区设立分三个批次，故将分批次进行单变量双重差分检验。Before2013 表示该城市在2013 年批次设立自贸区之前，After2013 表示该城市在 2013 年批次设立自贸区之后。2015 年、2017 年设立自由贸易区批次类推。该部分重点关注点在 diff 与 diffi 的结果。如表 3 所示，无论是哪一批次设立的自贸区，其在设立之前均不显著，但在设立之后其显著为正。这些结果表明，自贸区设立之后，实验组城市 TFP 显著提高。

表3　　　　自贸区设立对城市 TFP 的影响：单变量双重差分检验

	Before 2013	After 2013	Diff1	Before 2015	After 2015	Diff2	Before 2017	After 2017	Diff3
控制组	-0.047	-0.064	-0.0384	-0.107	-0.431	-0.393	-0.177	-0.553	-0.375
实验组	-0.064	-0.023	-0.326	-0.121	-0.364	-0.312	-0.174	-0.431	-0.257
Diff	-0.017 (-0.68)	0.041^* (1.99)	0.058^* (1.81)	-0.014 (-0.69)	0.067^{***} (2.82)	0.081^{***} (2.58)	0.003 (0.16)	0.121^{***} (3.91)	0.118^{***} (3.17)

注：括号内的数值为聚类异方差（robust）后的 t 统计量；*、**、*** 分别表示在 10%、5%、1% 显著性水平上显著。后面不再一一说明。

（二）双重差分回归结果

前文运用单变量双重差分法的检验结果初步显示，自贸区设立之后，与对照组相比，实验组城市 TFP 显著提高。但需要指出的是，前述检验并未控制其他可能影响城市 TFP 的因素，基于此，为了更加清晰地识别出自贸区的设立影响城市 TFP 的因果效应，本部分将引入各类控制变量，采用包括城市个体（id）和时间（Year）的双向固定效应模型展开进一步分析，结果如表 4 所示。表 4 第（1）列结果显示，在不加入任何控制变量的情况下，Treated × time 系数在 5% 的显著性水平上显著为正；第（2）列结果显示，在引入城市特征控制变量之后，Treated × time 依然显著为正。这些结

果表明，自贸区的设立能够显著提高城市 TFP。为了结果更加可靠，第
（6）列进一步使用动态工具变量广义矩估计法（IV – GMM）进行检验，系
数依旧显著。需要指出的是，time2013、time2015 和 time2017 为年份虚拟变
量，分别表示在 2013 年、2015 年和 2017 年取值为 1，其他年份取值为 0。将
上述年份虚拟变量与分组变量 Treated 做交互项，其系数可以反映自贸区的设
立对城市 TFP 影响的动态效应。结果如第（3）列和第（5）列所示，无论是
否控制城市固定效应，自贸区的设立均在 2013 年及以后导致实验组城市 TFP
相较于控制组持续上升，该实证也初步说明，自贸区可以促进城市 TFP，这
也验证了假说 1。

表4　　　　　　　　自贸区设立对 TFP 的影响：双重差分检验

变量	（1）	（2）	（3）	（4）	（5）	（6）
Treated × time	0. 111 ** (3. 15)	0. 115 *** (3. 26)		0. 116 *** (3. 35)		0. 137 *** (4. 25)
Treated × time2013			0. 140 *** (9. 34)		0. 163 *** (8. 98)	
Treated × time2015			0. 152 ** (2. 31)		0. 149 ** (2. 32)	
Treated × time2017			0. 089 ** (2. 04)		0. 089 ** (2. 11)	
常数项	− 0. 003 (− 0. 73)	− 0. 404 (− 0. 63)	− 0. 360 (− 0. 56)	− 2. 347 * (− 1. 84)	− 2. 296 * (− 1. 79)	− 0. 779 ** (− 2. 12)
控制变量	否	是	是	是	是	是
城市固定效应	是	否	否	是	是	否
年份固定效应	是	是	是	是	是	是
R^2	0. 685	0. 707	0. 707	0. 711	0. 711	0. 454
样本量	2 625	2 451	2 451	2 451	2 451	1 949

注：括号内的数值为 t 统计量；* 、** 、*** 分别表示在 10% 、5% 、1% 的显著性水平上显著。

（三）异质性分析

从整体上看，自贸区的设立促进了中国城市 TFP。但中国区域经济发展
存在着较大差异，特别是自贸区与贸易具有较大关联，经济发达的东部地区
和经济较不发达的中西部地区具有明显的贸易基础条件的差异，省会城市和
非省会城市也有政策倾斜程度的不同。表 5 报告了分地区和分城市的异质性

估计结果。第（1）列和第（2）列结果显示，东部地区与中西部地区自贸区的设立对城市 TFP 的系数都为正，但东部地区自贸区的影响更为显著。由于我国经济发达地区与各国贸易运输通道高度集中于海运，进口口岸高度集中于东部沿海地区，东部地区商品的进出口较为便利，同时东部地区的开放程度相对于中西部更强，且具有相对优势，经济比较发达，城市产业发展基础比较好，因此自贸区的设立对城市全要素生产率的提升作用比中西部地区更为显著；第（3）列和第（4）列结果显示，省会城市与非省会城市自贸区的设立对城市 TFP 都显著为正，但非省会城市的系数和显著性更大，这是由于省会城市已经有很多的政策进行扶持，自贸区设立的经济效益边际递减，但是非省会城市并没有较多的政策优惠，自贸区的设立可以大幅度提高该城市的 TFP。

表5　　　　　　　　　　　　　　**异质性检验**

变量	（1）东部地区	（2）中西部地区	（3）省会城市	（4）非省会城市
Treated × time	0.141 ** (3.09)	0.059 (1.35)	0.074 * (1.94)	0.126 ** (2.16)
控制变量	是	是	是	是
城市固定效应	是	是	是	是
年份固定效应	是	是	是	是
R^2	0.716	0.715	0.800	0.707
样本量	1 107	1 344	316	2 135

注：括号内的数值为 t 统计量；*、**、*** 分别表示在 10%、5%、1% 的显著性水平上显著。

（四）稳健性检验

1. 平行趋势检验

本文采用事件分析法进行平行趋势检验。具体检验公式设定为：

$$TFP_{it} = \alpha_0 + \omega_k \sum_{k=-5}^{k=6} Treated_{it} \times time_{it} + \sum_{i=1}^{N} \beta_j control_{it} + \mu_i + \gamma_t + \varepsilon_{it}$$

（14）

其中，k 代表自贸区设立的第 k 年，k = 0 表示自贸区设立的当年。为检验实验前后处理组和控制组的差异，我们关注的是系数 ω_k，即在自贸区设立的当年处理组与控制组城市 TFP 的差异，若系数在 k < 0 的年份变化趋势较为平缓，则说明符合平行趋势的检验，反之则不满足平行趋势检验。

根据图 2 的结果可以看出，在自贸区设立之前的 5 年，实验组与控制组变化趋势并无显著差异，当 k≥0 时，即从 2013 年自贸区设立后，自贸区的政策效应逐渐显现，表明自贸区设立后促进了城市 TFP 的增长，说明本文采取方法的合理性。

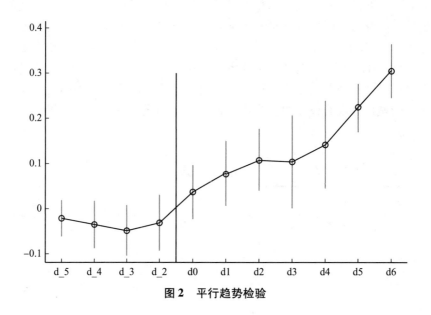

图 2　平行趋势检验

2. 改变样本匹配方法

本文使用 PSM 对实验组和控制组进行样本匹配，选用 k 阶（k＝4）近邻匹配方法。为了使估计结果更加可靠，本文更换匹配方法重新匹配，分别采用马氏距离匹配、卡尺匹配、卡尺范围内的最邻近匹配和核匹配方法匹配样本之后，再进行 DID 估计，如果四种匹配方法的 DID 估计结果差异不大，则表示估计结果具有稳健性。应用上述四种匹配方法的 DID 估计结果见表 6。结果显示，在更换 PSM 匹配方法之后，DID 估计结果与表 4 模型（2）的基准回归结果比较接近，结果稳健。

表6　　　　　　　　　更换匹配方式的 DID 结果

变量	马氏距离匹配	卡尺匹配	卡尺范围内的最邻近匹配	核匹配
Treated × time	0. 115 *** （3. 24）	0. 116 *** （3. 35）	0. 116 *** （3. 35）	0. 116 *** （3. 34）
常数项	－1. 582 （－1. 62）	－2. 347 * （－1. 84）	－2. 347 * （－1. 84）	－2. 293 * （－1. 79）
控制变量	是	是	是	是

续表

变量	马氏距离匹配	卡尺匹配	卡尺范围内的最邻近匹配	核匹配
城市固定效应	是	是	是	是
年份固定效应	是	是	是	是
R^2	0.717	0.711	0.711	0.709
样本量	2 826	2 451	2 451	2 447

注：括号内的数值为 t 统计量；*、**、*** 分别表示在 10%、5%、1% 的显著性水平上显著。

3. 安慰剂检验

自贸区设立对城市全要素生产率（TFP）的政策净效应有可能受到其他不可观测因素的影响，为了排除其他不可观测因素对本文结论的干扰，本文借鉴已有做法，利用构造反事实事件的方法来进行安慰剂检验（Placebo test），以证明前文基本结论的稳健性。本文对交互项随机抽取 400 次，查看系数是否与基准估计结果存在显著差异。图 3 汇报了抽样估计结果。400次抽样中，没有结果在基准回归系数的右侧，这是单侧检验的结果，双侧检验结果亦是如此。可以看到，无论是单侧检验还是双侧检验，都表明在随机抽样的情况下，基准回归系数 0.15 是一个小概率事件。这说明我们的安慰剂检验是成立的，这排除了其他不可观测的随机因素对考察期内实验组的自贸区设立对城市全要素生产率造成的干扰，也再次证明本文结果的可靠性。

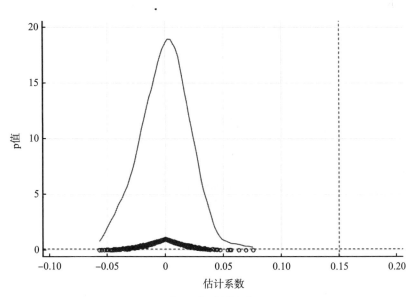

图 3　安慰剂检验

4. 剔除直辖市的稳健性检验

为了使样本数据变得更加随机，避免反向因果可能带来的内生性问题，本文借鉴孙文浩和张杰（2020）的做法，剔除了省会城市及直辖市，重新检验自贸区的设立对城市 TFP 的影响。由表 7 第（1）列和第（3）列可以看到，无论是否加控制变量，自贸区的设立对城市 TFP 的影响始终显著为正，与上文结论一致。表 7 第（2）列和第（4）列为检验剔除直辖市的动态检验，由于在 2013 年设立自贸区的城市为上海市，故将 Treated × time2013 予以删除，结果显示，在剔除直辖市数据之后，动态效应依旧显著为正，与前文结论一致，表明该结论具有稳健性。

表 7　　　　　　　　　　剔除直辖市的稳健性检验

变量	（1）	（2）	（3）	（4）
Treated × time	0. 105 *** （2. 62）		0. 111 *** （2. 70）	
Treated × time2015		0. 151 ** （2. 13）		0. 148 * （1. 96）
Treated × time2017		0. 078 * （1. 73）		0. 089 * （1. 96）
常数项	− 0. 003 （− 0. 29）	− 0. 003 （− 0. 29）	− 2. 519 * （− 1. 94）	− 2. 422 * （− 1. 87）
控制变量	否	否	是	是
城市固定效应	是	是	是	是
年份固定效应	是	是	是	是
R^2	0. 688	0. 688	0. 713	0. 713
样本量	2 578	2 578	2 404	2 404

注：括号内的数值为 t 统计量；＊、＊＊、＊＊＊分别表示在 10%、5%、1%的显著性水平上显著。

六、影响机制检验

（一）机制检验

本文从多维度考察了自贸区建设对地区全要素生产率的影响，结果表明，自贸区的设立显著促进了城市 TFP，但这种作用存在明显的区域异质性。然而，我们不禁会思考，自贸区建设影响城市 TFP 的作用机理是什么？其一，从微观层面来讲，要素是从低技术水平、低效率部门、低附加值状态向高新技术水平、高效率部门、高附加值状态的转变（朱卫平和陈林，2011），自贸区正是这一过程的催化剂，上海自贸区的设立能够显著促进外部资本的流入（项后军，2016），且外资流入可以缓解区内企业的资源错配，提高资源配置效率（李静，2013），进而促进城市的经济发展（张阿城，2020）。其二，从宏观层面来看，自贸区的建设不以税收"政策洼地"为优势，而是突出政府职能转变与体制创新，形成与国际高标准开放体制接轨的管理体制（张幼文，2014），以更好地释放自贸区的改革红利和开放红利（毛艳华，2018），为企业提供更为健全的制度保障。因此，本文认为自贸区建设主要通过制度创新供给来促进城市 TFP，即"自贸区建设→制度供给→TFP"的作用路径（见图4）。基于上述原因，本文从资源配置效率和制度供给两个维度考察自贸区建设对城市 TFP 的作用机理。

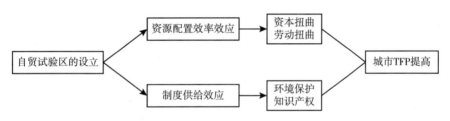

图4　自贸区设立促进城市 TFP 提高的作用路径

（二）资源配置效率的机制检验

本部分借鉴安礼伟等（2020）的研究方法，从"自贸区设立—资本错配（劳动错配）—城市 TFP"的角度，探索自贸区设立提升城市 TFP 的机制。机制检验的回归结果见表8和表9。表8中模型（1）和模型（3）的结果显示，Treated × time × tauk 前的系数在1%的水平上显著为正，表明自贸区的设立通过减弱资本错配促进了城市 TFP。"资本错配—城市 TFP"渠道得到验证。模型（2）的动态效应显示，在自贸区设立当年，促进效应已经开始显现，且随着时间的推移逐步提高其系数。在考虑城市固定效应后，动态趋势特征依旧没有改变。表9中模型（1）和模型（3）的结果显示，Treated × time × taul 前的系数在1%的水平上显著为正，表明自贸区的设立通过减弱劳动错配促进了城市 TFP。"劳动错配—城市 TFP"渠道得到验证。模型（2）的动态效应显示，在自贸区设立当年，促进效应并不显著，但随着时间的推移，其系数越来越显著为正。在考虑城市固定效应后，动态趋势特征依旧没有改变。出现资本错配和劳动错配之间的差异可能是由于资本的流动是瞬时的，流通障碍较少，故设立当年其促进作用便可以显现，但劳动力的流动总是面临着各类障碍，如户籍政策等原因，导致该促进作用具有一定的滞后性，这验证了假说2。

表8   **"自贸区设立—资本错配—城市TFP"机制检验**

变量	（1）	（2）	（3）	（4）
Treated × time × tauk	0.074 *** （3.63）		0.079 *** （3.76）	
Treated × time2013 × tauk		0.053 *** （9.88）		0.063 *** （9.72）
Treated × time2015 × tauk		0.073 *** （2.72）		0.073 *** （2.61）
Treated × time2017 × tauk		0.102 ** （2.01）		0.108 ** （2.10）
常数项	− 0.482 （− 0.74）	− 0.494 （− 0.76）	− 2.560 ** （− 1.98）	− 2.588 ** （− 2.02）
控制变量	是	是	是	是
城市固定效应	否	否	是	是
年份固定效应	是	是	是	是
R^2	0.705	0.706	0.710	0.710
样本量	2 451	2 451	2 451	2 451

注：括号内的数值为聚类异方差（robust）后的t统计量；*、**、***分别表示在10%、5%、1%的显著性水平上显著。后面不再一一说明。

表9   **"自贸区设立—劳动错配—城市TFP"机制检验**

变量	（1）	（2）	（3）	（4）
Treated × time × taul	0.133 *** （4.95）		0.139 *** （4.97）	
Treated × time2013 × taul		− 0.168 （− 1.56）		− 0.081 （− 0.69）
Treated × time2015 × taul		0.218 ** （2.47）		0.215 ** （2.45）
Treated × time2017 × taul		0.120 *** （3.85）		0.126 *** （3.96）

变量	(1)	(2)	(3)	(4)
常数项	-0.596 (-0.92)	-0.568 (-0.88)	-2.808** (-2.21)	-2.755** (-2.17)
控制变量	是	是	是	是
城市固定效应	否	否	是	是
年份固定效应	是	是	是	是
R^2	0.706	0.706	0.711	0.711
样本量	2 451	2 451	2 451	2 451

（三）制度供给的机制检验

为了避免样本量对实证结果的影响，本文采取 Bootstrap 方法进行中介效应检验。此方法一方面可以不对样本数量进行严格要求，另一方面在中介效应置信区间估计过程中不需使用标准误（方杰等，2014）。并且，虽然 Bootstrap 方式使用的是混合效应假设，但是通过对原始样本进行大量随机重复抽样（n = 1 000），对指标分布的不对称性进行了修正，能够显著提高在复杂中介结构下的模型检验准确性。

使用 Bootstrap 方法进行中介效应拟合得到的结果如表 10 所示，效应值代表 Bootstrap 推断估计值，（Boot）LLCI 代表 Bootstrap 分布 2.5% 临界值，（Boot）ULCI 代表 Bootstrap 分布 97.5% 临界值。从表 10 可以发现，制度供给对城市 TFP 的总体影响显著为正，但是直接效应并不显著，说明制度供给为中介变量并对城市 TFP 产生作用，中介效应占比 76.89%，即自贸区建设通过制度供给效应促进地区全要素生产率的提高，该结果验证了假说 3。城市全要素生产率的重要组成部分是城市中的服务业，而服务业具有典型的制度密集型特征，制度环境的差异可能会影响服务业企业全要素生产率的提升（许和连和成丽红，2016）。一方面，自贸区提供了适应企业和市场发展需要的高质量的制度供给，进一步改善和提升了制度环境，降低了制度性交易成本，促进了生产性服务业的资本积累效率和全要素生产率的提升（邵骏和张捷，2013），继而实现了经济快速发展与地区全要素生产率的提高；另一方面，自贸区建设扩大了服务业开放程度，促进了跨国企业参与服务业的数量和规模，进而促进了第三产业的发展，推进了地区全要素生产率的提高（李世杰和赵婷茹，2019）。

表10 制度供给中介效应 Bootstrap 检验结果（全样本）

制度供给—城市 TFP	效应值	（Boot）SE	（Boot）LLCI	（Boot）ULCI
直接效应	0.00739518	0.03356848	− 0.0536045	0.0734009
间接效应	0.02461215	0.00632983	0.01451	0.04025
总体效应	0.03200733			

注：总效应是指不考虑显著与否的情况下直接效应与间接效应之和，下同，不再赘述。

从分地区检验结果来看，东部地区和中西部地区存在明显的差异性。从表11和表12可以看出，东部地区总体效应为正，且高于全国水平，中介效应占比为61.43%，中介效应显著，但是中西部地区检验结果劣于东部地区，可能原因是中西部地区自贸区建设虽取得了一些成就，但总体上仍处于起步和摸索阶段，在准入后行政管理、负面清单管理、投融资便利化等政策方面创新不足。

表11 制度供给中介效应 Bootstrap 检验结果（东部地区）

制度供给—城市 TFP	效应值	（Boot）SE	（Boot）LLCI	（Boot）ULCI
直接效应	0.01290105	0.03651958	− 0.0531617	0.0868743
间接效应	0.02055343	0.00800385	0.006744	0.0396378
总体效应	0.03345448			

表12 制度供给中介效应 Bootstrap 检验结果（中西部地区）

制度供给—城市 TFP	效应值	（Boot）SE	（Boot）LLCI	（Boot）ULCI
直接效应	− 0.05599267	0.06344459	− 0.1676567	0.0737723
间接效应	0.02124182	0.00827047	0.0095843	0.0443743
总体效应	− 0.03475085			

七、研究结论与政策建议

（一）研究结论

本文将自贸区设立作为一项准自然实验，利用2008～2019年中国250个地级市面板数据，采用 PSM – DID 等估计方法，实证考察了自贸区的设立与中国城市全要素生产率的变动关系，并从多个角度进行了异质性分析。第一，自贸区的设立对城市 TFP 增长产生显著的促进作用且具有区域异质性特征，自贸区的设立对东部地区 TFP 的促进作用要明显优于中西部地区，原因是东部地区为改革开放的主阵地，内部政策制度环境更佳，要素流动的障碍更少，自贸区的设立进一步提高了其优势，故效果更为明显。第二，自贸区设立的时间越早，对城市 TFP 的影响作用就越明显，自贸区设立越早，其配套的基础设施越完善，拉动城市 TFP 越明显。第三，本文从资源配置和制度供给两个维度进一步分析了设立自贸区对城市 TFP 促进作用的机理。结果表明，自贸区的设立能够缓解区域内的资源错配，但由于劳动力流动障碍的原因，缓解劳动错配具有滞后性，并通过增加高质量的制度供给，自贸区可以加快第三产业的开放，进一步发挥各类生产要素的潜力，从而提高城市 TFP，这与大部分文献的结论一致。

（二）政策建议

第一，重视自贸区对 TFP 的长期拉动作用，推进区域均衡发展。东部地区作为改革开放的主阵地，已经享受了较多的政策红利，逐步拉开了与中西部地区的经济差距，但中西部城市发展潜力较大，故政府应逐步将自贸区改革成果推广至未设立自贸区的中西部城市，缩小中国城市层面的经济差距，并提高非省会城市的重要性，推进各省份均衡发展，实现协调的共同富裕。同时，也要考虑到时间的滞后性，自贸区设立之初对 TFP 拉动作用有限，因此政府要把目光放长远，要保证城市基础设施的建设与经济发展相匹配。

第二，疏通自贸区的机制渠道，破除资本和劳动跨区流动的障碍。机制检验表明，自贸区通过缓解资源错配来促进城市 TFP 的发展，但缓解劳动错配具有一定的滞后性。在市场经济下，自贸区设立初期可能会引起区域要素的流动与聚集，但随着设立时间的延长，市场会回归理性，发挥自贸区缓解资源扭曲的作用。为此，政府要充分利用自贸区带来的资金等优势，兼顾效率与公平，合理划分，破除资本和劳动跨区流动的障碍。

第三，因地制宜增加制度创新供给，激发市场活力。制度供给也是自贸区影响城市 TFP 的重要渠道，且东部地区的影响要大于中西部地区，因此，在自贸区建设过程中，各城市应结合地区发展实际，提高自贸区制度创新效率，其中东部地区应深化"放管服"改革，完善金融、贸易、投资、税务等领域的制度供给，优化市场发展环境，进一步激发市场主体发展活力，而中西部地区应依据自身经济发展水平、产业结构和经济要素的特点，充分借鉴上海、天津等自贸区的改革试点经验，突破相关政策瓶颈和体制障碍，增强区域制度创新供给，促进先进制造业和现代服务业协同发展。

参考文献

[1] 安礼伟，蒋元明. 长三角区域规划与先进制造业企业全要素生产率——基于 PSM - DID 模型的经验研究 [J]. 产业经济研究，2020（4）：45 - 60.

[2] 白俊红，刘宇英. 对外直接投资能否改善中国的资源错配 [J]. 中国工业经济，2018（1）：60 - 78.

[3] 曹翔，张双龙，余升国. 自贸试验区的就业效应：虹吸还是辐射 [J]. 当代财经，2020（11）：3 - 14.

[4] 陈永伟. 资源错配：问题、成因和对策 [D]. 北京：北京大学，2013.

[5] 胡霞. 集聚效应对中国城市服务业发展差异影响的实证研究 [J]. 财贸研究，2007（1）：44 - 50.

[6] 黄玖立，吴敏，包群. 经济特区、契约制度与比较优势 [J]. 管理世界，2013（11）：28 - 38.

[7] 金培振，殷德生，金桩. 城市异质性、制度供给与创新质量 [J]. 世界经济，2019，42（11）：99 - 123.

[8] 金晓梅，张幼文. 中国创新型国家建设的成就与问题建议 [J]. 当代经济管理，2019，41（7）：8 - 17.

[9] 郎丽华，冯雪. 自贸试验区促进了地区经济的平稳增长吗？——基于数据包络分析和双重差分法的验证 [J]. 经济问题探索，2020（4）：131 - 141.

[10] 李嘉楠，龙小宁，张相伟. 中国经贸合作新方式——境外经贸合作区 [J]. 中国经济问题，2016（6）：64 - 81.

[11] 李力行，申广军. 经济开发区、地区比较优势与产业结构调整 [J]. 经济学（季刊），2015，14（3）：885 - 910.

[12] 李世杰，赵婷茹. 自贸试验区促进产业结构升级了吗？——基于中国（上海）自贸试验区的实证分析 [J]. 中央财经大学学报，2019（8）：118 - 128.

[13] 刘秉镰，李清彬. 中国城市全要素生产率的动态实证分析：1990 ~ 2006——基于 DEA 模型的 Malmquist 指数方法 [J]. 南开经济研究，2009（3）：139 - 152.

[14] 刘晶，杨珍增. 中国自由贸易试验区综合绩效评价指标体系研究 [J]. 亚太经济，2016（3）：113 - 121.

[15] 刘志彪. 政府的制度供给和创新：供给侧结构性改革的关键 [J]. 学习与探索，2017（2）：83 - 87.

[16] 罗素梅. 自贸区金融开放下资本流动的动因和机制研究 [J]. 北京工商大学学报（社会科学版），2015，30（5）：75 - 81.

[17] 罗舟，胡尊国. 中国自贸试验区政策试点对地区外商直接投资的

影响——基于双重差分法的验证 [J]. 财经理论与实践, 2021, 42 (2): 67 - 72.

[18] 马忠新, 陶一桃. 制度供给、制度质量与城市发展不平衡——基于改革开放后 288 个城市发展差异的实证研究 [J]. 财政研究, 2018 (6): 70 - 83.

[19] 毛艳华. 自贸试验区是新一轮改革开放的试验田 [J]. 经济学家, 2018 (12): 47 - 56.

[20] 裴长洪, 刘斌. 中国对外贸易的动能转换与国际竞争新优势的形成 [J]. 经济研究, 2019, 54 (5): 4 - 15.

[21] 钱雪松, 康瑾, 唐英伦等. 产业政策、资本配置效率与企业全要素生产率——基于中国 2009 年十大产业振兴规划自然实验的经验研究 [J]. 中国工业经济, 2018 (8): 42 - 59.

[22] 邵骏, 张捷. 中国服务业增长的制度因素分析——基于拓展索洛模型的跨地区、跨行业实证研究 [J]. 南开经济研究, 2013 (2): 132 - 152.

[23] 司春晓, 孙诗怡, 罗长远. 自贸区的外资创造和外资转移效应: 基于倾向得分匹配 - 双重差分法 (PSM - DID) 的研究 [J]. 世界经济研究, 2021 (5): 9 - 23 + 134.

[24] 孙光林, 艾永芳, 李淼. 资本错配与中国经济增长质量——基于金融效率与产能利用率中介效应实证研究 [J]. 管理学刊, 2021, 34 (5): 57 - 73.

[25] 王亚飞, 张毅. 自贸区设立对城市全要素生产率的影响研究——兼论资本错配的中介效应和产业集聚的调节作用 [J]. 软科学, 2021, 35 (11): 52 - 57.

[26] 温忠麟, 叶宝娟. 中介效应分析: 方法和模型发展 [J]. 心理科学进展, 2014, 22 (5): 731 - 745.

[27] 项后军, 何康. 自贸区的影响与资本流动——以上海为例的自然实验研究 [J]. 国际贸易问题, 2016 (8): 3 - 15.

[28] 杨向东. 中国 (上海) 自由贸易试验区的经济与政治效应关系初探——以国民待遇为视角 [J]. 上海财经大学学报, 2014, 16 (6): 97 - 104.

[29] 叶修群. 自由贸易试验区与经济增长——基于准自然实验的实证研究 [J]. 经济评论, 2018 (4): 18 - 30.

[30] 殷华, 高维和. 自由贸易试验区产生了"制度红利"效应吗?——来自上海自贸区的证据 [J]. 财经研究, 2017, 43 (2): 48 - 59.

[31] 张阿城, 于业芹. 自贸区与城市经济增长: 资本、技术与市场化——基于 PSM - DID 的拟自然实验研究 [J]. 经济问题探索, 2020 (10): 110 - 123.

［32］张幼文，黄建忠，田素华等. 40 年中国开放型发展道路的理论内涵［J］. 世界经济研究，2018（12）：3 - 24.

［33］张幼文. 自贸区试验与开放型经济体制建设［J］. 学术月刊，2014，46（1）：11 - 19.

［34］赵亮. 自贸试验区驱动区域产业结构升级的机理探讨［J］. 经济体制改革，2021（3）：122 - 127.

［35］郑江淮，高彦彦，胡小文. 企业"扎堆"、技术升级与经济绩效——开发区集聚效应的实证分析［J］. 经济研究，2008（5）：33 - 46.

［36］支宇鹏，黄立群，陈乔. 自由贸易试验区建设与地区产业结构转型升级——基于中国 286 个城市面板数据的实证分析［J］. 南方经济，2021（4）：37 - 54.

［37］Brandt L, Tombe T, Zhu X. Factor Market Distortions across Time, Space and Sectors in China［J］. Review of Economic Dynamics, 2013, 16（1）：39 - 58.

［38］Chan K S, Xu X, Gao Y. The China Growth Miracle：The Role of the Formal and the Informal Institutions［J］. The World Economy, 2015, 38（1）：63 - 90.

［39］Hamada K. An Economic Analysis of the Duty - Free Zone［J］. Journal of International Economics, 1974, 4（3）：225 - 241.

［40］Hamilton C, Svensson L E O. On the Welfare Effects of A "Duty - FreeZone"［J］. Journal of International Economics, 1982, 13（1 - 2）：45 - 64.

［41］Krugman P. History and Industry Location：The Case of the Manufacturing Belt［J］. American Economic Review, 1991, 81（2）：80 - 83.

［42］porter M E. Clusters and the New Economics of Competition［J］. Harvard Business Review, 1998, 76（6）：77 - 90.

［43］Young L. Intermediate Goods and the Formation of Duty - Free Zones［J］. Journal of Development Economics, 1987, 25（2）：369 - 384.

The Impact of Pilot Free Trade Zones on Total Factor Productivity in Chinese Cities

—A Quasi-natural Experiment Based on Prefecture-level Cities in China

Yu Wanlin   Luo Jinlong

[**Abstract**] Pilot free trade zones, as a kind of institutional innovation in the process of China's economic development, constitute a new driving force for China's foreign trade and economic development. In this paper, the establishment of free trade zones is regarded as a quasi-natural experiment, and the pSM – DID method is used to investigate the causal effect of the establishment of free trade zones on the total factor productivity of Chinese cities by using the panel data of 250 prefecture-level cities in China from 2008 to 2019. The results are as follows, Firstly, the establishment of free trade zone significantly promotes the growth of TFP in cities and presents heterogeneity in regional dimension. Secondly, the dynamic effect test shows that the promotion effect of free trade zone increases gradually as the time goes by; Thirdly, the mechanism analysis shows that the establishment of the free trade zone can improve the urban TFP by alleviating the resource misallocation in the region, namely, improving the resource allocation effect, and by increasing the high-quality institutional supply, namely, the supply expansion effect. This study broadens the research on the driving factors of urban TFP from the perspective of the establishment of free trade zones, and provides important policy implications for China to promote urban development through standardizing capital investment and deepening supply-side reform.

[**Key Words**] pilot free trade zone   urban total factor productivity   allocation of resources   system supply

JEL Classifications: F15

自贸试验区建设对区域经济
高质量发展的影响

▶ 谷祖莎　王秋怡　朱先俊* ◀

【摘　要】基于2009~2021年283个地级及以上城市面板数据，本文使用多期双重差分模型实证检验了自贸试验区建设对区域经济高质量发展的影响。研究发现，自贸试验区建设对区域经济高质量发展有显著的提升效应，在创新、开放、协调三个维度发挥着对区域经济高质量发展的促进作用，在绿色维度的正向影响较小，在共享维度尚未发挥预期效果，该结论通过了一系列稳健性检验。异质性检验发现，东部地区设立的自贸试验区对区域经济高质量发展的提升效果最好，随着自贸试验区建设批次的推进，自贸试验区对经济高质量发展的促进作用有所减弱，设立在直辖市和副省级城市的自贸试验区相较于设立在一般地级市的自贸试验区，其对经济高质量的发展的促进更明显。空间带动效应检验表明，自贸试验区对周边城市经济高质量发展的带动效应呈现先减小再增大再减小的趋势。

【关键词】自贸试验区　经济高质量发展　新发展理念　空间带动效应

一、引　言

中国经济正处于高速增长向高质量发展转型的关键阶段。从国内看，改革开放40多年以来，中国经济发展实现了年均9%以上的高速增长，但是在经济高速增长的同时，粗放式经济发展也带来不平衡、不充分、污染

---

* 谷祖莎，山东大学自贸区研究院研究员、教授，通信地址：山东省威海市文化西路180号山东大学商学院，电子邮箱：gzs@ sdu. edu. cn。王秋怡（通讯作者），山东社会科学院研究实习员，通信地址：山东省济南市市中区舜耕路56号，邮政编码：250002，电子邮箱：2839875639@ qq. com。朱先俊，中国（山东）自由贸易试验区烟台片区制度创新研究中心主任，通信地址：烟台开发区长江路1号，邮政编码：264006，电子邮箱：550884986@ qq. com。

加剧、创新能力不足等问题。从国际看，各国都面临前所未有的复杂局面。2008 年金融危机以来，各国发展速度减缓、需求减弱，中美贸易摩擦加剧，新冠疫情导致全球经济活动放缓。面对"内忧外患"的局面，党的二十大报告提出"加快构建新发展格局，着力推动高质量发展"。高质量发展在党的二十大报告中被赋予极其重要的地位，是我国全面建设社会主义现代化国家的首要任务。

高质量发展的根本目的是满足人民日益增长的美好生活需要。已有研究发现，国家创新型试点的颁布、国家级新区、"宽带中国"试点、"智慧城市"等改革均对所在地区的经济高质量发展产生了积极影响。国家创新型城市试点通过改善地区高端生产性服务业集聚状况影响经济高质量发展（陈晨和张广胜，2020），国家级新区通过就业结构优化和生态环境改善总体上显著促进了区域经济高质量发展（郑维伟等，2021），且存在辐射效应（陈珍珍等，2021）。赵涛等（2020）将"宽带中国"试点的实施视为准自然试验，研究发现，数字经济显著促进了高质量发展，激发创业活力是其重要机制。智慧城市的建设也能够激发区域创新活力，带动经济高质量发展（湛泳和李珊，2022）。

高水平对外开放是加快构建新发展格局、推进高质量发展的必然要求，自贸试验区是我国对外开放的最前沿，也是制度创新的最前沿，成为推动高质量发展的重要抓手。已有研究发现，自贸试验区建设在宏观层面对经济增长以及地区经济发展产生正向影响，在微观层面对企业投资效率、全要素生产率、创新活力等方面产生积极作用。梳理文献发现，有关于自贸试验区对区域经济高质量发展的政策效应评估较少，相关文献大多使用省级及企业层面的数据研究自贸试验区设立对经济高质量发展的影响，鉴于自贸试验区以片区的形式划分，以省份分组估计可能存在较大偏误，因此本文采用更加细致的地级市面板数据，从新发展理念的多维视角探索自贸试验区建设对区域经济高质量发展的影响。

二、理论分析

"创新、协调、绿色、开放、共享"的新发展理念很好地体现了高质量发展的内涵（胡雪萍和许佩，2020）。本文从新发展理念出发，从五个维度阐述自贸试验区建设影响经济高质量发展的理论机制。

在创新发展方面，自贸试验区建设以制度创新为核心，在贸易便利化、投资自由化、金融改革创新等领域先试先行，有利于缓解企业的融资约束，提升地区知识产权保护水平，加速人才集聚，为区域带来创新活力，有利于区域创新水平的提高，为区域经济高质量发展提供了动力来源。

在协调发展方面，自贸试验区改革试验注重整体性、系统性、协同性，在制度层面联动发展将大大促进区域协调发展。自贸试验区均不同程度地服务于国家发展战略，如京津冀协同发展、长三角一体化、粤港澳大湾区等区域发展战略。此外，自贸试验区通过打造产业集群，有利于发挥产业集聚效应，带动周边地区相关产业的发展，促进人才、资本等要素集聚和自由流动，发挥规模效应。

在绿色发展方面，各自贸试验区总体方案中均提到绿色持续发展，自贸试验区带来的贸易开放和经济增长也能够对城市污染物排放水平产生影响。自贸试验区建设可以扩大所在城市的经济规模，优化所在地区的产业结构，有效促进地区产业结构转型升级（彭水军等，2013），有利于地区技术进步，进而促进研发水平的提升，降低污染物的排放。

在开放发展方面，自贸试验区通过进行差别化探索和压力测试为高水平开放积累经验。实施削减关税、减少贸易壁垒等措施显著提高了贸易自由化和便利化程度，打造高标准国际贸易"单一窗口""一表申报，一口受理，并联办事"模式，提高了企业办事效率和政府监管效率，投资负面清单为外资流入创造了良好的政策环境，提高了利用外资的效率。

在共享发展方面，自贸试验区建设经验的可复制、可推广性以及改革红利的普惠性体现着共享发展的理念。在自贸试验区"试验田"进行对比试验、互补试验，通过首创性、差异性探索形成更加多元、更高水平的制度创新成果并实现共享，有助于区域合作发展和互惠共赢。自贸试验区改革红利具有普惠性，所在城市营商环境的持续改善、基础设施的完善、公共服务水平的提升提高了居民生活水平，对居民消费、医疗、就业等生活的方方面面产生积极影响，有利于共同富裕的实现。

三、研究设计

（一）样本选取与数据来源

本文样本研究期间为 2009～2021 年，将前五批自贸试验区作为评估对象。所有数据均来自各年度《中国城市统计年鉴》，部分缺失数据从地级市统计年报、EPS 统计数据库、中国经济与社会发展统计数据库加以补充。少量年份和城市存在缺失的数据用插值法进行补齐，最终共获取 2009～2021 年中国 283 个地级及以上城市相关数据，为保持数据平稳，对数据量级差异较大的数据进行取对数处理。

（二）变量选取

1. 经济高质量发展

由于单一指标存在测算波动性以及维度单一性的局限性，本文在参考相关文献（李金昌等，2019；胡雪萍和许佩，2020）的基础上，结合城市层面数据的可获得性，以新发展理念为依据构建经济高质量发展评价体系，使用熵权法对 2009～2021 年全国 283 个地级市以上城市的经济高质量发展水平进行测度。

第一，创新发展。全要素生产率是高质量发展的动力源泉，反映资源配置效率，党的二十大强调着力提高全要素生产率推动高质量发展。"亩均论英雄"理念反映经济发展从"量"向"质"、从"多"向"精"的转变，是以最小的资源环境代价获得最大的产出效益。本文将反映创新发展的结果指标纳入，采用全要素生产率、亩均 GDP 衡量创新发展指标。

第二，协调发展。产业结构升级伴随新动能、新产业、新模式的出现，能够提高生产要素组合效率，促进地区产业融合，推动区域协调发展。本文借鉴赵涛等（2020）的研究，将生产性服务业补充到产业结构评价体系中。协调发展还必须凸显城乡协调发展和区域之间协调发展，采用城镇化率（城镇人口/总人口）以及各城市人均 GDP 占全国人均 GDP 的比重来衡量。

第三，绿色发展。绿色发展方式体现在提高资源和能源利用效率、减少污染物和温室气体的产生与排放、实现人与自然和谐发展方面。因此，本文采用细颗粒物（PM2.5）浓度衡量空气污染程度，工业污染排放量能够反映区域生产方式的绿色化程度，本文选用工业二氧化硫、废水和烟尘排放量来衡量。

第四，开放发展。党的二十大报告提出，要推动高水平对外开放，推动货物贸易优化升级，合理缩减外商准入负面清单，吸引优质外资流入。外贸和外资是对外开放的直接体现，外贸依存度可以衡量贸易开放程度，本文采用进出口总额占 GDP 的比重表示。出口技术复杂度能够反映出口品技术含量和生产效率，可以作为地区出口贸易优化升级的衡量指标。此外，本文选用实际使用外资金额来衡量外资利用情况。

第五，共享发展。共享发展的根本目的是增进人民福祉，以推进共同富裕为目标。因此，本文将共同富裕纳入指标体系，采用城乡人均可支配收入之比代表城乡差距。教育水平、交通设施、医疗保障等基本公共服务与人民美好生活需要密切相连，是民生的基本保障，因此本文选择教育支出、人均道路面积和医疗设施来衡量公共服务水平。基于以上分析，构建经济高质量发展指标体系，如表1所示。

表1　　　　　　　　　　　　经济高质量发展指标体系

一级指标	二级指标	计算公式	单位	指标属性
创新发展	全要素生产率	以城市为单位，劳动力和资本存量为投入指标，地区生产总值为产出指标，运用DEA-Malmquist生产率指数法测度	%	正向
	亩均GDP	GDP/占地面积	万元/亩	正向
协调发展	产业结构	产业结构高级化	—	正向
		产业结构合理化	—	负向
		生产性服务业占比	%	正向
	城乡结构	城镇化率	%	正向
	地域协调	各城市人均GDP/全国人均GDP	%	正向
绿色发展	空气污染	细颗粒物（PM2.5）浓度	微克/立方米	负向
	工业污染	工业二氧化硫排放量/GDP	千克/万元	负向
		工业废水排放量/GDP	千克/万元	负向
		工业烟尘排放量/GDP	千克/万元	负向
开放发展	外贸依存度	进出口总额/GDP	%	正向
	出口贸易升级	出口技术复杂度	%	正向
	利用外资	实际使用外资金额	亿元	正向
共享发展	共同富裕	城乡居民人均可支配收入之比	%	负向
		城镇居民人均可支配收入	元	正向
		农村居民人均可支配收入	元	正向
	公共服务	人均教育支出	元/人	正向
		人均道路面积	平方米/人	正向
		人均医疗卫生院数	个/千人	正向

2. 自贸试验区

截至2024年，全国共设立七批22个自贸试验区，根据商务部公布的自贸试验所在城市名单以及设立的时间、地区等，如果城市在t年设立了自贸试验区，则FTZ变量在t年及以后的年份取值为1，反之取值为0。

3. 控制变量

为缓解遗漏变量可能带来的影响，本文借鉴胡兆廉与石大千（2022）、刘新智等（2022）的研究，选取互联网普及程度、人口密度、地方财政自给率、金融发展水平、工业化程度和劳动力就业水平作为控制变量。

各变量定义如表2所示。

表2   **变量定义**

变量类型	符号	含义	代理指标
被解释变量	HQE	经济高质量发展水平	构建指标体系，使用熵权法进行测度
核心解释变量	FTZ	自贸试验区虚拟变量	自贸试验区所在城市设立当年及以后年份取值为1，反之为0
控制变量	Internet	互联网普及程度	国际互联网用户数取对数
	Popu	人口密度	单位面积人口数量
	Fiscal	地方财政自给率	地方财政一般公共预算收入与一般公共预算支出的比值
	Fina	金融发展水平	年末金融机构存款余额与GDP的比值
	Industry	工业化发展水平	规模以上工业企业数
	Employ	劳动力就业情况	城市城镇单位从业人数与期初的平均人数

（三）模型构建

借鉴崔日明和李丹（2021）的方法，本文运用2009～2021年283个地级以上的城市作为研究样本，将自贸试验区设立视为一项准自然试验，构造城市和时间固定效应模型，采用多期双重差分模型，评估自贸试验区设立对区域经济高质量发展的影响，将自贸试验区片区所在城市作为处理组，其余地级以上城市作为控制组，检验自贸试验区对区域经济高质量发展的净效应。具体模型构建如下：

$$HQE_{it} = \alpha_0 + \alpha_1 FTZ_{it} + \xi X_{it} + \upsilon_i + u_t + \varepsilon_{it} \tag{1}$$

其中，HQE_{it}为被解释变量，表示城市 i 第 t 年经济高质量发展水平，FTZ为自贸试验区设立虚拟变量。X_{it}是可能影响经济高质量发展的一系列控制变量，υ_i是城市固定效应，u_t是年份固定效应，ε_{it}是模型的误差项。

（四）描述性统计

表3报告了变量的描述性统计结果。被解释变量的最小值和最大值分别为0.039和0.736，说明不同城市的HQE水平存在较大差距。核心解释变量FTZ的均值为0.052，说明在实证样本中有约5.2%的城市设有自贸试验区。其他各变量的描述性统计也均在合理范围内。

表 3　　　　　　　　　　　变量描述性统计

变量	样本量	均值	标准差	最小值	最大值
HQE	3 679	0.083	0.059	0.039	0.736
FTZ	3 679	0.052	0.222	0	1
Internet	3 679	13.795	1.813	5.468	21.795
Popu	3 679	5.728	0.945	0.683	7.882
Fiscal	3 679	0.456	0.224	0.054	1.541
Fina	3 679	0.456	0.224	0.054	1.541
Industry	3 679	6.601	1.108	2.996	9.793
Employ	3 679	3.586	0.847	1.475	7.149

四、实证检验

（一）平行趋势检验

平行趋势检验结果如图1所示。在政策实施前，核心解释变量的估计系数不显著，说明在自贸试验区政策实施之前，实验组与控制组经济高质量发展水平的变化趋势没有显著差异，通过了平行趋势假设。可能由于政策的时滞性，政策实施当年和颁布后的第一年，政策效果并不显著，从政策实施后的第二年开始，处理效应的估计系数显著大于零，且随着时间的推移，自贸试验区系数逐渐增大，说明政策效应在逐渐增强。因此，平行趋势检验的结果证明研究样本可以使用DID模型进行回归。

（二）基准回归分析

表4汇报了基准回归的结果。第（1）列没有加入控制变量，为避免其他未观测到的城市和时间影响因素的干扰，控制了城市固定效应和年份固定效应。为解决多重共线性问题，第（2）~第（7）列在第（1）列的基础上逐步加入控制变量。第（1）列结果显示，回归系数（0.017）在1%的水平上显著，第（2）~第（7）列核心解释变量均在1%的水平上显著，说明无论是否加入控制变量，自贸试验区均在1%的显著水平上提升了所在城市的经济高质量发展水平。

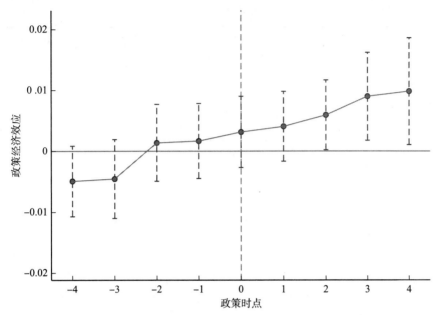

图1　平行趋势检验

表4			基准回归结果				
变量	（1）	（2）	（3）	（4）	（5）	（6）	（7）
FTZ	0.017 *** (4.48)	0.016 *** (4.55)	0.016 *** (4.56)	0.017 *** (4.70)	0.016 *** (4.73)	0.016 *** (4.70)	0.016 *** (4.69)
Internet		−0.002 * （−1.95）	−0.002 * （−1.96）	−0.003 ** （−2.14）	−0.003 ** （−2.35）	−0.003 ** （−2.34）	−0.003 ** （−2.35）
Popu		−0.000 （−0.69）	−0.000 （−0.83）	−0.000 （−0.74）	−0.000 （−0.76）	−0.000 （−0.76）	
Industry				0.004 *** （2.61）	0.002 （1.16）	0.001 （0.89）	0.001 （0.90）
Employ					0.011 *** （3.67）	0.011 *** （3.56）	0.011 *** （3.53）
Fiscal						0.007 （1.50）	0.007 （1.48）
Fina							0.000 （0.13）
常数项	0.082 *** （411.52）	0.114 *** （6.90）	0.118 *** （7.02）	0.097 *** （4.83）	0.074 *** （3.78）	0.075 *** （3.75）	0.075 *** （3.76）

续表

变量	（1）	（2）	（3）	（4）	（5）	（6）	（7）
年份固定效应	是	是	是	是	是	是	是
城市固定效应	是	是	是	是	是	是	是
样本量	3 679	3 679	3 679	3 679	3 679	3 679	3 679
R^2	0.97	0.97	0.97	0.97	0.97	0.97	0.97

注：***、**、*分别表示在1%、5%、10%的显著性水平上显著，小括号内为 t 值。

（三）稳健性检验

1. 安慰剂检验

将原处理组中设立自贸试验区的城市看作新的控制组，从所有城市中随机抽取 37 个城市作为新的处理组，并为每一个城市随机生成新的政策发生时间，在这个基础上利用新的样本重新进行模型（1）的回归，由此完成一次安慰剂检验。将上述过程重复 500 次，得到 500 个 FTZ 估计系数。结果显示，模拟回归的估计值基本服从正态分布，估计系数集中于 0 值附近，p 值大多数大于 0.1，说明构建的"反事实"自贸试验区对区域经济高质量发展无显著影响，显著异于基准回归的系数 0.018，这从反事实的角度证明了城市经济高质量发展水平的提高确实是由于自贸试验区的设立导致的，并非其他因素导致。

2. PSM – DID 估计修正样本选择性偏差

借鉴王（Wang，2013）和司春晓（2021）的方法，采用倾向得分匹配（PSM）方法进行检验，使用控制变量作为协变量，采用 1∶1 近邻匹配，在未设立自贸试验区的控制组中找到与自贸试验区的实验组尽可能相似的城市组，从而降低处理组与控制组的原始差异。匹配之后对样本重新进行 DID 回归，FTZ 系数仍然在 1% 的统计水平上显著为正，说明自贸试验区促进区域经济高质量发展的结论具有稳健性。

3. 替换被解释变量测度方式

本文的被解释变量"高质量发展水平"是通过构建指标体系使用熵权法进行测度，为避免测量误差，借鉴钞小静和任保平（2011）的研究，使用主成分分析法对被解释变量重新进行测度。结果显示，在替换被解释变量的测度方式后，核心解释变量的系数仍然是显著为正，说明基准回归结果稳健。

4. 剔除国家级新区政策干扰

在自贸试验区政策实施的同时，不可避免地会受到同期中央政府出台的其他国家层面的区位导向性政策效应的干扰，如国家级新区。样本期间共有

19 个国家级新区，涉及 23 个城市，为排除国家级新区的影响，将设立国家级新区的样本剔除后重新进行估计。结果显示，核心解释变量的系数仍然是显著为正，说明经济高质量发展的拉动效应确实由自贸试验区导致，本文核心结论稳健。

（四）异质性检验

本文从不同区位、不同批次和不同城市类型三个方面出发来检验自贸试验区对经济高质量发展带动作用的异质性效果。

1. 分区位异质性分析

将总样本中的城市依据地理位置的不同划分为东部、中部、西部地区进行分组回归，结果如表 5 所示。东部、中部、西部地区自贸试验区的设立对经济高质量发展水平的回归系数均显著为正，说明自贸试验区对东部、中部、西部地区经济高质量发展均有显著的带动作用。但是从回归系数的数值来看，东部自贸试验区回归系数明显大于中部、西部自贸试验区，说明自贸试验区的设立对东部地区经济高质量发展的带动作用更强。

表 5　　　　　　　　　　　　　　区域异质性

变量	（1） 东部地区	（2） 中部地区	（3） 西部地区
FTZ	0.014 *** （3.79）	0.006 ** （2.33）	0.009 ** （2.03）
控制变量	是	是	是
年份固定效应	是	是	是
城市固定效应	是	是	是
样本量	3 432	3 250	3 185
R^2	0.96	0.93	0.94

注：***、**、* 分别表示在 1%、5%、10% 的显著性水平上显著，小括号内为 t 值。

2. 分批次异质性分析

本文选取前四批自贸试验区实证检验不同批次自贸试验区发挥经济高质量发展带动效应的差异。观测某批次自贸试验区的政策效应时，将其他批次自贸试验区的样本剔除，对照组保持不变，结果如表 6 所示。四批自贸试验区设立对经济高质量发展的回归系数都显著为正，说明不同建设批次的自贸试验区均能显著提升经济高质量发展水平。但是从系数大小上看，随着设立批次的推进，经济高质量发展的带动作用呈现出递减的趋势。

表6   批次异质性

变量	（1） 第一批	（2） 第二批	（3） 第三批	（4） 第四批
FTZ	0. 035 ** （2. 18）	0. 026 *** （2. 77）	0. 014 *** （3. 86）	0. 011 *** （2. 82）
控制变量	是	是	是	是
年份固定效应	是	是	是	是
城市固定效应	是	是	是	是
样本量	3 198	3 263	3 406	3 367
R^2	0. 97	0. 97	0. 96	0. 97

注：*** 、** 、* 分别表示在1%、5%、10%的显著性水平上显著，小括号内为 t 值。

3. 分城市类型异质性分析

将自贸试验区所在城市划分为地级市、副省级城市、直辖市三种类型进行分组回归，回归结果如表7所示。三种不同类型的城市设立的自贸试验区回归系数均显著为正，说明自贸试验区均不同程度促进了所在城市的经济高质量发展，但是从系数大小来看，设立在直辖市的自贸试验区回归系数最大，其次是副省级城市，设立在地级市的自贸试验区回归系数最小，说明设立在直辖市和副省级城市的自贸试验区对经济高质量发展的促进作用显著大于地级市。

表7   城市类型异质性

变量	（1） 地级市	（2） 副省级市	（3） 直辖市
FTZ	0. 004 *** （2. 64）	0. 018 *** （4. 04）	0. 035 ** （2. 59）
控制变量	是	是	是
年份固定效应	是	是	是
城市固定效应	是	是	是
样本量	3 445	3 276	3 146
R^2	0. 94	0. 95	0. 95

注：*** 、** 、* 分别表示在1%、5%、10%的显著性水平上显著，小括号内为 t 值。

五、进一步分析

（一）影响机制分析

自贸试验区建设从哪些方面促进了经济高质量发展呢？为进一步明确自贸试验区建设短板，本文分别以熵权法测度的创新发展、协调发展、开放发展、绿色发展和共享发展的五个分项指标得分作为因变量，使用式（1）构建的模型进行回归。

表8结果显示，自贸试验区建设对区域经济高质量发展的提升作用主要体现在创新、协调、开放三个维度上，其中，对开放发展和创新发展的带动作用较大，对绿色发展、协调发展的正向影响较微弱，对共享发展的影响不显著。

表8　　　　　　　　　　　　　　　影响机制检验

变量	（1）创新发展	（2）协调发展	（3）绿色发展	（4）开放发展	（5）共享发展
FTZ	0.005 ** (2.41)	0.001 * (1.68)	0.000 *** (2.83)	0.011 *** (4.63)	0.000 (0.19)
控制变量	是	是	是	是	是
年份固定效应	是	是	是	是	是
城市固定效应	是	是	是	是	是
样本量	3 653	3 660	3 679	3 627	3 679
R^2	0.94	0.96	0.93	0.97	0.77

注：***、**、*分别表示在1%、5%、10%的显著性水平上显著，小括号内为t值。

（二）空间带动效应分析

为进一步检验自贸试验区设立对邻近地区经济高质量发展水平的带动作用，借鉴曹清峰（2020）的方法，构建模型（2）如下：

$$y_{it} = \alpha_0 + \alpha_1 FTZ_{it} + \sum_{s=50}^{400} \delta_s N_{it}^s + \xi X_{it} + \upsilon_i + u_t + \varepsilon_{it} \qquad (2)$$

式（2）在式（1）的基础上增加一组新的虚拟变量 N^s，表示城市 i 周围一定距离内有无自贸试验区，s 表示两个城市之间的距离。如果在 t 年城市 i

在周围（s−50，s）千米的范围内设有自贸试验区，则 N^s 取值为1，反之取值为0。例如，$N_{it}^{50}=1$ 表示在 t 年，城市 i 周围50千米以内设有自贸试验区，而 $N_{it}^{50}=0$ 表示没有。通过 δ_s 的显著性，来检验自贸试验区建设对周围地区经济高质量发展水平的带动效应。

实证结果如图2所示，横轴代表距自贸试验区的空间距离，纵轴代表经济高质量发展水平，趋势图描绘了虚拟变量 N^s 的系数随空间距离改变发生的变化。从图中可以看出距自贸试验区50千米以内的地区，可能由于优质资源被自贸试验区所在城市吸引，处于自贸试验区发展的阴影下，经济高质量发展水平受到抑制。距离自贸试验区50～150千米的地区，摆脱了自贸试验区设立的虹吸效应影响，自贸试验区建设产生了正向的溢出效应，提高了经济高质量发展水平。当距离超过150千米后，随着距离越来越远，自贸试验区发挥的空间效应越来越弱，带动作用变得不显著。因此得出结论，自贸试验区设立对周边地区经济高质量发展水平的带动作用随着距离由近及远呈现出先变小、再变大、再变小的趋势。

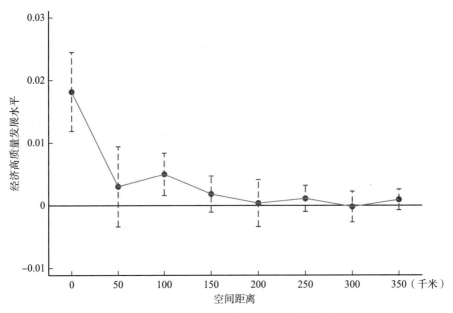

图2　自贸试验区对区域经济高质量发展的带动作用

六、结论与启示

本文以2009～2021年的283个地级及以上城市为研究样本，实证检验了自贸试验区建设对区域经济高质量发展的影响，研究发现，自贸试验区建设显著促进了区域经济高质量发展。从区域异质性来看，东部地区设立的自贸试验区对经济高质量发展的提升作用最大，而中部、西部设立的自贸试验区影响相对较小。从批次来看，四批自贸试验区对经济高质量发展水平都产生了显著的正向影响，其中上海自贸试验区的政策效果最好，随着批次的推进，自贸试验区产生的政策效应呈现减弱的趋势。从城市类型来看，设立在副省级和直辖市的自贸试验区相较于普通地级市对经济高质量发展的提升作用更为显著。空间带动效应研究发现，自贸试验区除了能对所在城市经济高质量发展产生影响之外，对周围城市的经济高质量发展水平也有一定影响。

基于以上结论，本文得到如下启示：第一，自贸试验区建设对区域经济高质量发展有显著促进作用，要进一步释放自贸试验区制度创新红利，发挥对区域经济高质量发展的提升作用，赋予自贸试验区更大的改革自主权。第二，自贸试验区在促进区域协调发展方面尚未发挥应有的效果，应加强自贸试验区间的协同创新网络建设，推动区域协调发展，加强自贸试验区之间的联动发展。第三，自贸试验区促进区域绿色发展方面的作用较微弱，应推进自贸试验区绿色金融、绿色技术和国际合作，要加强绿色金融创新，加强技术领域投资合作，引导外资投资区内节能环保、生态环境、绿色服务等产业，加大税收等政策支持，鼓励企业积极与外资合作共同研发。第四，因地制宜发挥自贸试验区区位、资源禀赋优势，推动自贸试验区差异化发展。较晚设立的自贸试验区要更加注重已有制度创新成果的承接和转化，避免生搬硬套，紧密结合自身优势和特性，积极吸收并实施符合自身特色的制度成果，还要结合自身功能定位和实际情况，进一步打造具有地域特色、区域优势、分工明确的特色产业集群。

参考文献

[1] 曹清峰. 国家级新区对区域经济增长的带动效应——基于70大中城市的经验证据 [J]. 中国工业经济, 2020（7）: 43 – 60.

[2] 钞小静, 任保平. 中国经济增长质量的时序变化与地区差异分析 [J]. 经济研究, 2011（4）: 26 – 40.

[3] 陈晨, 张广胜. 国家创新型城市政策、高端生产性服务业集聚与地区经济高质量发展 [J]. 财贸研究, 2020（4）: 36 – 51.

[4] 陈珍珍, 何宇, 徐长生. 国家级新区对经济发展的提升效应——基于293个城市的多期双重差分检验 [J]. 城市问题, 2021（3）: 75 – 87.

[5] 胡雪萍, 许佩. FDI 质量特征对中国经济高质量发展的影响研究 [J]. 国际贸易问题, 2020（10）: 31 – 50.

[6] 胡兆廉, 石大千. 创新型政策推进高质量发展的动力来源与作用机制——基于国家创新型城市建设的自然实验 [J]. 经济与管理研究, 2022

（8）：3 – 17.

　　［7］李金昌，史龙梅，徐蔼婷．高质量发展评价指标体系探讨［J］．统计研究，2019（1）：4 – 14.

　　［8］刘新智，张鹏飞，史晓宇．产业集聚、技术创新与经济高质量发展——基于我国五大城市群的实证研究［J］．改革，2022（4）：68 – 87.

　　［9］彭水军，张文城，曹毅．贸易开放的结构效应是否加剧了中国的环境污染——基于地级城市动态面板数据的经验证据［J］．国际贸易问题，2013（8）：119 – 132.

　　［10］司春晓，孙诗怡，罗长远．自贸区的外资创造和外资转移效应：基于倾向得分匹配—双重差分法（PSM – DID）的研究［J］．世界经济研究，2021（5）：9 – 23.

　　［11］湛泳，李珊．智慧城市建设、创业活力与经济高质量发展——基于绿色全要素生产率视角的分析［J］．财经研究，2022（1）：4 – 18.

　　［12］赵涛，张智，梁上坤．数字经济、创业活跃度与高质量发展——来自中国城市的经验证据［J］．管理世界，2020（10）：65 – 75.

　　［13］郑维伟，刘耀彬，陆海空．国家级新区对区域经济高质量发展的驱动效应——理论机制与经验辨识［J］．城市发展研究，2021（9）：116 – 124.

　　［14］Wang J. The economic impact of Special Economic Zones：Evidence from Chinese municipalities［J］．Journal of Development Economics，2013，101（C）：133 – 147.

Can Pilot Free Trade Zones Promote High-quality Development of Regional Economy

Gu Zusha   Wang Qiuyi   Zhu Xianjun

[**Abstract**] Based on the panel data of 283 cities at the prefecture level in China from 2009 to 2021, the paper used the multi-time point double in different method to test the impact of the construction of Pilot Free Trade Zones (PFTZ) on the high-quality development of regional economy. It shows that the construction of the PFTZ can significantly improve the high-quality development level of the regional economy. According to new development philosophy, it plays a role in three dimensions: innovation, openness and coordination. It has a slightly positive impact in the dimension of green, and has not yet exerted the expected effect in the dimension of sharing. The conclusion has passed a series of robustness tests. The heterogeneity test finds that the PFTZ set up in the eastern region has the largest effect. With the promotion of the batches of the PFTZ, the effect is weakening. The PFTZ established in municipality and sub-provincial cities promotes high-quality development more obvious than those established in general prefecture-level cities. The test of the spatial spillover effect shows that the driving effect of the PFTZ on the high-quality development level of the surrounding cities shows a trend of decreasing and then increasing and then decreasing.

[**Key Words**] Pilot Free Trade Zone   High-quality Economic Development   New Development Philosophy   Spatial Spillover Effect

JEL Classifications: F41

中国自由贸易试验区的研究进展、研究热点和前沿趋势

——基于 2013~2023 年期刊的文献计量分析

▶ 孙卓华 谢 欢 沈 君* ◀

【摘　要】自由贸易试验区（以下简称"自贸试验区"）是我国统筹国内外双循环、扩大高水平开放、提升国际竞争力的核心力量，自建设以来，各自贸试验区以制度创新为重点，推进相关领域改革开放创新，硕果累累。学者们对于自贸试验区的关注度也逐渐增加，形成了丰富多样的研究成果。本研究基于中国知网（CNKI）数据库中的核心文献，通过 CiteSpace 软件采用共词分析法、聚类分析法和战略坐标分析法，对自贸试验区研究的发文数量、作者、机构和期刊展开分析，并进一步通过关键词共现图、突现图和时区图探究自贸试验区的研究热点以及热点演进情况，最后结合战略坐标图分析关键词聚类的新颖度和关注度，预测相关研究未来可能出现的前沿发展趋势。

【关键词】自由贸易试验区　文献计量分析　研究进展　研究热点前沿趋势

一、引　言

（一）问题的提出

2023 年 12 月，习近平总书记在中央经济工作会议上强调必须坚持依靠

---

* 孙卓华，山东大学法学院（威海）副教授，通信地址：山东省威海市文化西路 180 号山东大学（威海）法学院。谢欢（通讯作者），山东大学法学院（威海）硕士研究生，通信地址：山东省威海市文化西路 180 号山东大学（威海）法学院，邮政编码：264209，电子邮箱：18173038280@163.com。沈君，山东大学商学院副教授、山东大学自贸区研究院副研究员，通信地址：山东省威海市文化西路 180 号山东大学商学院。

改革开放增强发展内生动力，并进一步就扩大高水平对外开放做出部署；2024 年《政府工作报告》强调，必须扩大高水平对外开放，促进互利共赢。建设自由贸易试验区是新时代深化改革开放、扩大高水平对外开放的重要战略举措。自 2013 年第一个自贸试验区挂牌以来，中国陆续建立了 22 个自贸试验区，形成了覆盖内陆、沿边和沿海的高水平对外开放新格局，成为深化改革的试验田和制度型开放的先行者。随着日益增多的制度创新成果从自贸试验区推广向全国，自贸试验区成为国内学者广泛关注的研究课题，相关研究话题持续涌现，因此，有必要系统地厘清自贸试验区相关的研究成果，然而已有的研究缺乏科学化和系统化的总结归纳，对于自贸试验区的研究进展以及演进过程缺乏直观的呈现，且大部分研究主要集中于微观和中观层面，涉及文献知识图谱探析的宏观研究相对较少（王方宏和李振，2024）。

基于此，本文通过 CiteSpace 知识图谱软件，采用共词分析法、聚类分析法和战略坐标法等方法，系统地梳理并以可视化的形式呈现自贸试验区研究的发文数量、研究作者、研究机构和研究期刊等研究进展情况，并借助关键词共现图、关键词突现图和关键词时区图探究自贸试验区研究热点和热点演进发展情况。最后，结合战略坐标图象限分布情况进一步展开关注度和新颖度的分析，预测自贸试验区未来研究的发展趋势。本研究有助于学者系统地、全面地把握自贸试验区相关研究的热点情况和前沿趋势，进而推动自贸试验区相关研究的长远发展。

（二）自贸区概念辨析

在正式进行文献计量之前，必须区分以下关于自贸区的相关概念。自贸区的定义可以细分为两类：一类是 FTA（Free Trade Area），主要源于世界贸易组织（WTO）的规定，指的是两个或两个以上的主权国家之间为促进贸易自由化而取消关税壁垒等限制性贸易法规的特定区域。区别于本文的研究对象，FTA 涉及的主体为多个主权国家，是一种双边或多边协议，典型的例子是中国东盟自由贸易区。另一类则是 FTZ（Free Trade Zone），由单个主权国家（地区）设立的区域，对境外入区的货物采取优惠税收、海关特殊监管等政策，本文研究的自由贸易试验区即这种类型的贸易区。虽然 FTA 和 FTZ 都简称自贸区，但本研究聚焦于我国自主在境内设立的特殊经济区域，系统梳理学界对于自贸试验区（FTZ）形成的可复制推广的理论成就和实践经验等研究成果。

（三）自贸试验区十年发展过程

2007 年 10 月 15 日，党的十七大报告明确提出要实施自由贸易区战略，自贸试验区战略上升为国家战略。2013 年 8 月，国务院正式批准设立中国（上海）自由贸易试验区，中国的第一个自贸试验区正式诞生。2023 年 11 月 1 日，中国（新疆）自由贸易试验区在乌鲁木齐揭牌成立。十年间，国家分七批设立了包括广东、辽宁、海南、山东、北京、海南在内的 22 个自贸试验区，分批形成了覆盖东西南北中，统筹沿海、内陆、沿边的改革开放总体格局，图 1 为 2013～2023 年自贸试验区建设发展过程。

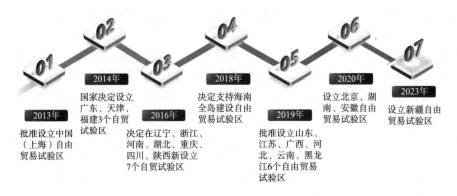

图 1　中国自贸试验区发展过程梳理

二、数据收集和研究方法

（一）数据收集

本研究以 CNKI 数据库（知网）为检索平台，在高级检索内选取"自贸区""自贸试验区""自由贸易试验区"作为主题检索词，语言类型为"中文"，时间区位选择 2013～2023 年，开展文献计量研究（数据采集时间为 2024 年 3 月 15 日）。检索发现，关于自贸试验区的文献涵盖了期刊、学位论文、资讯、会议摘要等类型，共 12 197 篇，论文的质量良莠不齐。由于文献过度冗杂不利于精准反映研究的实际情况，因此，筛选出 CNKI 中收录的《中文核心期刊要目总览》（北大核心）以及《中文社会科学引文索引》（CSSCI）期刊论文，共计 2 279 篇文献，作为初始研究样本。进一步对初始研究样本按照如下原则进行样本标准化：一是删除了与研究主题内容无关的文献；二是聚焦于同行审议的学术论文，删减了资讯、报道、访谈和述评等非研究性的文献。经过筛选和标准化后，选取 1 672 篇高质量的文献数据作为此次计量分析的样本（见表1）。

表1　　　　　　　　中国自贸试验区研究知识图谱分析数据源

数据库	CNKI（中国知网）
数据来源	北大核心、CSSCI
时间跨度	2013～2023 年
分析内容	研究进展（作者、机构等）、研究热点、研究前沿
样本量	1 672 篇
研究方法	共词分析法、聚类分析法、战略坐标法

（二）研究工具和方法

本研究采用 CiteSpace 6.3 作为研究工具对相关文献进行计量分析，通过共词分析法（co-word analysis）、聚类分析法（cluster-analysis）和战略坐标法（strategic-diagram analysis）对文献的发文情况、研究作者、研究机构和研究期刊等基础信息展开分析，并进一步探究研究热点和前沿趋势。文献计量法是一种基于数学和统计学的定量分析方法，该方法可以挖掘文献数据中潜在的内在关系，揭示研究现状、热点主题以及未来研究趋势；而 CiteSpace 则是一款兼具关系网络分析和聚类分析的知识可视化软件，由美国德雷克塞尔大学陈超美教授团队（Chen，2006）设计而成，该软件能够在一幅引文网络图谱上集中展示出某个知识领域的相关关系，其所绘制的知识图谱具有多元性、分时性与动态性的优点。

1. 关键词共词分析法

关键词共词分析是一种热门的内容分析方法，常用于计算一组词汇在同一篇文献中共同出现的频次，通过构建共现频次矩阵和共现网络来展现词汇之间的亲疏关系程度，在此基础上进行聚类分析，从而反映出这些词汇所代表的研究方向的结构变化和发展趋势。

2. 关键词聚类分析法

关键词聚类分析是一种广泛运用在数据挖掘中的文献计量可视化分析方法，当各个关键词共现强度较大时即可聚集为一个聚类。CiteSpace 系统自带的关键词网络聚类可以通过谱聚类算法对关键词之间的相关性进行统计、分组和聚类，系统聚类后 Q > 0.3 认为聚类情况是可信服的，S > 0.5 则认为聚类是合理的。本研究在构建战略坐标图关键词聚类的过程中采用的是卡龙（Callon et al.，1991）构建子簇的方法，在共现矩阵中拥有最高共线强度的一对关键词即视为该聚类的核心主题词，且一个子簇不超过 10 个关键词。共现强度指的是在可视化图谱中各关键词节点连线的强度，用余弦指数进行测量，公式如下：

$$\text{Cosine} = \frac{F(A, B)}{\sqrt{F(A)F(B)}} \tag{1}$$

式中，F(A，B) 表示关键词 A 和 B 共同出现的次数，F(A) 和 F(B) 分别表示关键词 A 和 B 在聚类中出现的次数。计算出的余弦指数越大，则表明关键词的共线强度越高。

3. 战略坐标分析法

战略坐标分析是一种采用二维平面图描述某一研究主题的热点情况和前沿趋势的方法，在共词分析和聚类分析的基础上，本研究参考沈君等（2012）构建的战略坐标图方法，以聚类词的"新颖度"指标和"关注度"指标分别为纵轴和横轴，绘制自贸试验区研究领域的战略坐标图，根据聚类主题在四个象限的分布位置直观探究研究的热点情况和前沿趋势。

三、自贸试验区研究进展情况

（一）总体发文数量

自 2013 年中国（上海）自贸试验区挂牌以来，学术界关于自贸试验区的发文数量持续增加，尤其是在 2014～2015 年这一阶段，和自贸试验区相关的研究犹如雨后春笋，相关发文数量呈现激增的状态，2015 年发文达到 276 篇，是 2013 年的 5 倍多，2016 年回落到 173 篇，此后逐渐趋于稳定，2023 年共有 119 篇相关的优质文章发表在 CNKI 数据库中，自贸试验区的总体发文情况呈现出先激增再下降又上升的态势，未来有可能呈现新的上升趋势。对发文量的统计分析可知，有 9 年的发文数量超过 100 篇，自贸试验区这一研究议题得到了学者们的持续关注（见图 2）。

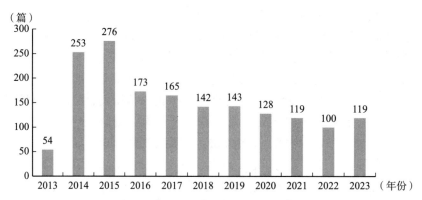

图 2　自贸试验区相关主题发文数量统计

（二）研究作者分布及互动关系

通过 CiteSpace 软件显示出的图谱可以直观地看到自贸试验区研究领域的高发文量作者以及作者之间的合作关系，具体如图 3 所示，作者共现图谱中有 296 个节点与 91 条连线，其中，节点表示作者数量，连线则表示作者之间的合作关系。

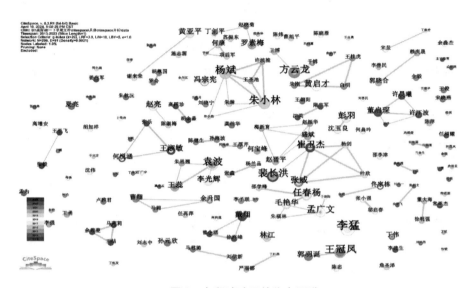

图 3　自贸试验区的作者图谱

首先，从作者发文量来看，发文最多的学者是李猛，对于自贸试验区的研究共发文 13 篇，研究的话题主要集中在自贸区法律制度建设和完善方面，并且在自贸试验区与"一带一路"的关系研究方面做出较大贡献；发文数量排名第二的是杨斌和王冠凤，发文量都为 10 篇；排名第三的是崔卫杰，发文量为 9 篇；同时，孟广文、裴长洪、方云龙、朱小林、彭羽等学者也发表了较多的文章，对自贸试验区的研究贡献都比较大。其次，从作者互动的角度来看，一部分学者和其他学者之间产生的链接较少，如孟广文、黄启才、林江等，这些学者在该研究领域具有深厚的专业知识和技能，能够独立进行深入的研究和分析；另一部分学者偏向以合作的形式完成研究，如共现图谱所示形成的一个个小型学术交流圈。总体而言，关于自贸试验区研究的作者合作程度相对较高，合作氛围良好，通过合作发文的形式能够集思广益，共享资源，提供多样化的内容和思考，更好地形成思维的碰撞，提高论文的质量和深度。

（三）研究机构分布及互动关系

CiteSpace 软件也可以直观地分析出自贸试验区相关研究领域的研究机构及其合作关系，机构共现图谱（见图4）中有283个节点与92条连线，节点表示研究机构数量，连线表示机构之间的合作关系。本文进一步对研究机构进行了合并整理（例如，把复旦大学、复旦大学发展研究院、复旦大学法学院、复旦大学金融研究中心和复旦大学经济学院的发文数量合并为复旦大学的发文数量）。累计发文量最多的是上海财经大学，总计发文68篇，包括上海财经大学法学院、上海财经大学国际工商管理学院、上海财经大学公共经济与管理学院等，是自贸试验区研究成果的重要产出机构。排名前24位高产机构发文统计如表2所示。

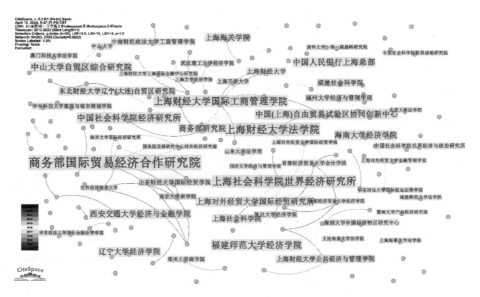

图4　自贸试验区的研究机构图谱

表2　　　　　　　　　　自贸试验区部分研究机构统计　　　　　　　　　单位：篇

机构	发文量	机构	发文量
上海财经大学	68	上海交通大学	28
商务部研究院	52	中国社会科学院	26
上海社会科学院	37	中山大学	22
上海对外经贸大学	31	福建师范大学	17

机构	发文量	机构	发文量
中国人民银行	16	华东师范大学	10
上海海事大学	13	西安交通大学	9
上海海关学院	13	上海大学	9
南开大学	13	福建社会科学院	9
山东大学	12	东北财经大学	9
厦门大学	11	中央财经大学	8
中国（上海）自贸试验区协同创新中心	10	华东政法大学	6
南京大学	10	复旦大学	5

通过对研究机构的统计分析可以得出以下结论：第一，各大高校成为主要的研究力量，除了商务部研究院和中国人民银行以外的研究机构基本都是高校牵头的机制或组织，其中，中国（上海）自由贸易试验区协同创新中心也是由多所上海高校牵头合作的机构单位。第二，地域特征明显，在观察中不难发现，发文量较为突出的机构主要集中在我国 22 个自贸区的所在地，如位于广州的中山大学和坐落于天津的南开大学，特别是上海的相关研究机构拥有得天独厚的地理优势，对于自贸试验区的研究贡献特别突出，这一结果有力地证明了自贸试验区的研究并非仅仅停留在理论层面的探讨，而是通过深入实践调研和实地考察，能够获得更为丰富和实质性的研究成果。第三，研究机构之间的合作趋势日益显著，这种合作主要体现于同一学校内部的不同下级机构之间，以及位于同一地理区域内的不同机构之间，如上海财经大学国际工商管理学院、上海开放大学以及上海财经大学之间都展示出了紧密的合作关系。

（四）期刊分布

载文数量前十的期刊数量合计达到 395 篇，占总文献量的 23.6%。自贸试验区相关研究发表的期刊相对集中。其中，载文数量最多的是《国际贸易》期刊，主办单位是商务部国际贸易经济合作研究院，总计发文 81 篇，2023 年复合影响因子为 3.862，该期刊成为自贸试验区发文的重要阵地。其他的主要期刊包括《商业经济研究》《对外经贸实务》《国际商务研究》《国际经济合作》《经济体制改革》《亚太经济》《人民论坛》《上海经济研究》《上海金融》，具体的数据如图 5 所示。

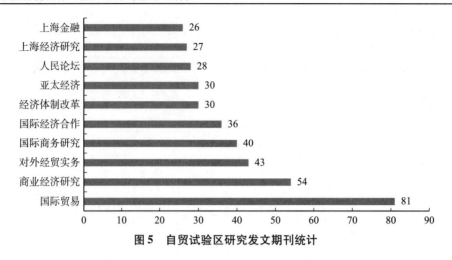

图5　自贸试验区研究发文期刊统计

四、自贸试验区的研究热点识别

（一）关键词共现分析

通过关键词共现分析可以精准地探究出自贸试验区领域的研究重点，关键词出现的次数越多，表明学者对于该关键词的关注度越高，而关键词的连线则体现了各关键词之间的网络关系。在 CiteSpace 系统中选择时间切片为 1年，节点类型设置为"keyword"后，调整阈值为 Top = 8% per 100。最终得到节点数为 153，连线数为 243，网络密度是 0.0209（见图 6）。节点所代表的字体越大说明该关键词出现次数越多，通过图 6 可知，制度创新、金融创新、"一带一路"、对外开放、营商环境、自由贸易、政策评估和双循环等词语是自贸试验区研究的热点关键词。

（二）关键词聚类分析

进一步，通过 CiteSpace 的聚类分析功能对自贸试验区的关键词进行聚类，绘制图谱（见图 7）。其中聚类后 Q 值为 0.825，平均 S 值为 0.9807，显著高于临界值，说明此次聚类结果具有合理性和可信性。

通过观察关键词聚类图谱可以得出，自贸试验区研究呈现出比较显著的战略导向和建设使命，研究内容关注到自贸试验区、对外开放、负面清单、制度创新、协同发展、金融创新、经济增长、知识产权、自由贸易和营商环境等重要问题，紧紧围绕着负面清单等标志性制度创新成果以及金融创新、制度创新、自由贸易等建设使命的核心问题，紧扣新时代区域协同发展战略、自贸试验区提升战略以及对外开放的核心要求，以制度创新为核心，以发展可复制、可推广创新成果为根本使命。整体而言，结合关键词共线图谱和聚类图谱可以将自贸试验区相关研究进一步从宏观、中观和微观视角整合为三个层面的核心议题，即自贸试验区发展的宏观顶层设计的研究、自贸试验区制度创新的中层探索研究以及自贸试验区微观层面的实践研究，整体解读自贸试验区研究的结构框架。

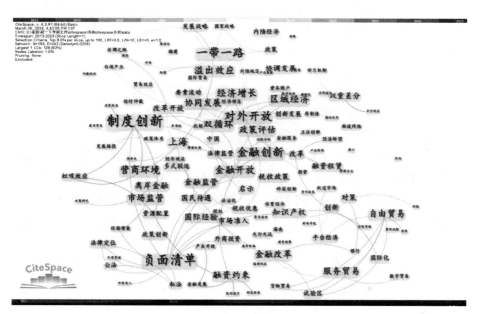

图6　自贸试验区的关键词共现图谱

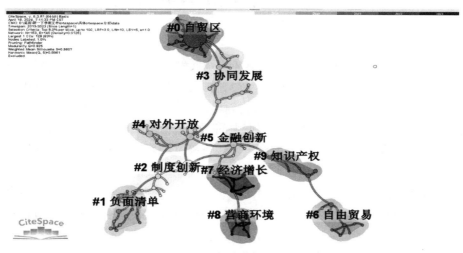

图7　自贸试验区关键词聚类图谱

1. 自贸试验区发展的顶层设计

这一类研究主要围绕着宏观层次的自贸试验区建设展开（#0 自贸区；#4 对外开放），包括对于政策的解读与结合、理念的阐述与解释等内容，以预测未来发展、总结共性特征、反思存在困境以及发展策略的宏观视角居多。自贸试验区是我国深层次改革的开路先锋，建设发展一直紧跟对外开放的时代步伐，联动共同融入国家重大战略：自贸试验区在政府改革主题、扩大开放模式、外贸外资升级、发展空间拓展等几个方面对于建设开放型经济新体制和实现改革开放发展有重要战略意义（张幼文，2016）；同时，自贸试验区也是"一带一路"共建国家展开投资贸易的重要支点，因此，自贸试验区的发展必须和"一带一路"倡议融合发展（谢谦和刘洪愧，2019）；面对逆全球化的喧嚣，自贸试验区也应肩负起高水平对外开放的战略使命，推动高质量发展，畅通国内外循环，为构建新发展格局提供强大动力。

2. 制度创新的探索及其影响效应

这一类研究主要围绕着自贸试验区在制度创新方面展开（#2 制度创新、#5 金融创新、#6 自由贸易），对自贸试验区制度创新给自身发展和毗邻区域产生的红利以及可能的风险进行了诸多关注和探究。自贸试验区自建设以来，积极结合自身优势和资源禀赋，通过先行先试的方式能够不断探索创新经验，进一步在投资管理、贸易监管、税收改革、金融开放、资源配置、政府职能等方面形成了成熟的创新成果。一方面，学者们积极探索制度创新是否对自贸试验区产生了贸易效应、投资效应、创新效应、经济效应、产业升级等制度红利；另一方面，诸多学者关注自贸试验区建设为周边区域带来的影响究竟是互补互助共同发展的"溢出效应"还是资源有限同质竞争的"虹吸效应"。如胡艺等（2022）基于面板数据的反事实分析法，探究得到内陆型自贸试验区中心城市对腹地城市经济发展兼具辐射效应和虹吸效应。

3. 自贸试验区建设的具体实践

这一类研究聚焦于微观层面的具体实践（#1 负面清单、#3 协同发展、#8 营商环境、#7 经济增长、#9 知识产权），围绕着自贸试验区在投资自由化便利化、贸易自由化便利化、金融开放创新、政府管理改革等领域的新模式、新业态开展研究，从小切口深入探究大问题，包括准入前国民待遇加负面清单的管理模式、国际贸易"单一窗口"服务模式创新和金融领域自由贸易账户创新等重大突破性制度创新成果。同时，知识产权的保护以及营商环境的优化为自贸试验区服务贸易竞争力提升正向赋能，因此，学者们对这些议题掀起了热烈的讨论。徐明强和董大海（2020）通过扎根理论分析了中国营商环境的构成维度和影响因素，为精准评价中国营商环境提供了评价指标。对于产业而言，自贸试验区的建设能够加速产业集成创新、协同发展，推动资本、技术、人才、数据等各类要素的自由便捷流动，驱动区域内产业结构升级。进一步，自贸试验区的建设有助于区域行政壁垒的破除和区域开放环境的优化，有助于降低区域要素流动障碍，进而促进区域协同发展（刘秉镰和边杨，2019）。整体而言，这一研究议题得到了政治学、经济学、法学、社会学、管理学、地理学、传播学等多门学科的关注。

（三）关键词突现分析

在关键词共现分析结果的基础上，利用 CiteSpace 的突现词追踪功能得到图 8，兼顾突现结果的数量和质量，本研究令 Y＝0.1，共得到 21 个突现词，其中，Strength 表示突现强度，强度越大表明该关键词在该时段内的影响力越大，不同关键词突现的起始年份（Begin）和结束年份（End）不同。

Keywords	Year	Strength	Begin	End	2013~2023
负面清单	2013	7.22	2013	2014	
自由贸易	2014	2.47	2014	2015	
对策	2014	1.76	2014	2015	
发展战略	2014	1.4	2014	2015	
融资租赁	2014	1.07	2014	2015	
改革开放	2014	0.71	2014	2015	
启示	2015	2.88	2015	2016	
资本流动	2015	2.47	2015	2016	
中国	2015	2.47	2015	2016	
一带一路	2015	3.92	2016	2018	
经济增长	2016	2.68	2016	2021	
税收政策	2014	0.95	2016	2017	
市场准入	2014	2.53	2017	2020	
政策评估	2017	2.2	2017	2019	
金融监管	2015	2.08	2017	2018	
对外开放	2014	5.77	2019	2023	
临时仲裁	2017	2.3	2019	2020	
双重差分	2019	1.96	2019	2020	
内陆地区	2016	1.77	2019	2020	
制度创新	2013	8.11	2020	2023	
双循环	2020	6.97	2020	2023	
金融开放	2014	2.88	2021	2023	

图 8　自贸试验区突现词图谱

（四）关键词时区图

CiteSpace 软件中的时区图是将关键词按照时间段分组并分析其联系，从而将时间因素加入解读的一种可视化图谱，通过操作和修正 CiteSpace 处理后的自贸试验区的时区图谱如图 9 所示，节点的位置代表该关键词首次出现的年份。结合自贸试验区关键词突现图谱、时区图谱以及政策发展，本研究尝试将自贸试验区的演化和发展分为探索期、发展期和成熟期三个阶段。

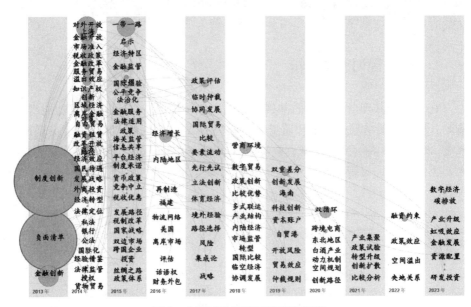

图9　自贸试验区关键词时区图谱

1. 探索期（2013～2015 年）——分散性

2013 年 9 月 29 日，上海自贸试验区在上海浦东揭牌后，《中国（上海）自由贸易试验区外商投资准入特别管理措施（负面清单）（2013 年）》发布。如时区图（见图9）所示，2013 年的研究关键词集中在"自贸区""负面清单""制度创新"，此部分研究大多围绕着自贸试验区建设内涵、设计安排路径、战略意义、制度创新使命、发展走向等内容展开分析，其中，负面清单管理模式这一重大举措的推行也引起了学者们对如何应对负面清单带来的机遇与挑战这一议题的热烈讨论。2014 年底，国务院发布了《关于推广中国（上海）自由贸易试验区可复制改革试点经验的通知》，向全国推广试点改革经验。2015 年，广东、天津、福建 3 个新设立的自贸试验区同步挂牌成立，进一步探索扩大开放的新途径。在此背景下，学界对于自贸试验区的相关理论和发展道路展开了更丰富的探索，新的研究成果源源不断，关键词呈现爆炸性突增，自贸试验区的研究吸引了大量学者的关注和投入。这一阶段突现的关键词包括"自由贸易""对策""发展战略""启示""改革开放"，探索的内容逐渐多元化，研究主题包括"市场准入""资本流动""区域经济""发展战略""法律定位""海关监管""国家战略"等，研究内容不再停留在价值和意义方面，研究对象范围不断扩大，研究的内容更加广泛，涉及法律、财税、贸易、监管、战略、市场、地理等领域，例如，杨向东（2014）

以国民待遇为视角，认为自贸试验区的建设具有经济效应和政治效应，二者相互关联，共同为培育国际化和法治化的营商环境提供保障。在财税领域，刘剑文（2014）梳理了财税改革的措施和演进走向，法治财税是上海自贸试验区的优选路径和坚实保障。学术界对自贸试验区的初步探讨为后续的深入研究奠定了基础。

2. 发展期（2016～2019年）——现实性

在这一阶段，国家对外开放的重要任务之一围绕共建"一带一路"展开，"一带一路"从理念到蓝图，在这一个时段逐渐发展成惠及全球发展和构建人类命运共同体的重要实践平台。14个新设立的自贸试验区分为三批在这一时期正式挂牌成立，共同为加快实施"一带一路"建设提供重要支撑。通过时区图可知，在这一阶段，"经济增长""内陆地区""营商环境""双重差分""协同发展""创新发展""先行先试""临时仲裁"等相关主题的研究日益升温。这一阶段的突现词包括"一带一路""经济增长""税收政策""市场评估""政策评估""金融监管"等，其中，"一带一路"这个关键词首次出现在2015年，但在2016～2018年突现强度为3.92，成为热度非常高的话题。而"经济增长"自2016年产生热度并延续到2021年，且在这一期间的强度为2.68，一直是学者们重点探索的方向。总之，不同于探索期较为宏观和分散性的话题，这一发展阶段的文献探索的方向逐渐细化，研究的主题更加有针对性，且更加强调实用性和现实性，试图解决社会、经济、科技或其他领域实际存在的重大现实问题，更具有实用价值。同时，研究方法也逐渐多元化。双重差分法作为一种可以避免内生性问题的政策效应评估方法，受到诸多学者的青睐，采用这种方法对中国自贸试验区因果研究的文献逐年增多，使其成为研究自贸试验区政策影响的一大利器。例如，谭建华和严丽娜（2020）通过双重差分模型探讨了中国自贸试验区设立对企业技术创新的影响，研究发现，在市场竞争和融资约束的中介作用下，自贸试验区的建设显著促进了非国有企业和高新技术企业的技术创新发展。在这一阶段，自贸试验区的研究经历了深远、长足的发展。

3. 成熟期（2020～2023年）——时代性

"双循环"新发展格局在2020年首次提出，党的十九届五中全会提出了"加快构建以国内大循环为主体、国内国际双循环相互促进的新发展格局"的重大战略部署，这为自贸试验区高质量发展、促进高水平对外开放提供了良好的契机。伴随着"双循环"格局的提出，2020年北京、湖南和安徽自贸试验区的设立以及2023年新疆自贸试验区的设立，自贸试验区的研究领域也迎来了全新的环境。"双循环"这一关键词的突现强度高达6.97，这一阶段的关键词包括"数字经济""碳排放""跨境电商""空间规划""产业升级""创新路径""央地关系"等，这些关键词与该时期特定的时代背景、社会发展状况和思潮紧密相关，体现出更丰富多元的时代性特征：第一，数字赋能。自贸试验区的相关研究涌现出跨境电商、金融科技、智慧物流、产业升级等系列关键词，契合时代数字化发展趋势。第二，生态治理。例如，邵良杉等（2023）关注到自贸试验区政策对于地区碳排放的影响效应，研究发现，自贸区试点政策通过推动地区产业结构高级化、提升地区绿色技术创新水平，进而实现了碳减排效果。第三，联动发展。学者们积极探索包括产业联动、区域协同、央地协同、资源要素共享、流通体系发展、政策互补等不同层次、不同主体的联动发展方式，取得了丰硕的研究成果。

五、自贸试验区的前沿趋势预测

（一）战略坐标图的具体绘制

本文通过绘制战略坐标图的"新颖度"和"关注度"形式构建自贸试验区的前沿和热点。第一步，本文根据战略坐标图聚类的方法和原则划分聚类，将 153 个关键词划分为 37 个聚类，以此来归纳出该领域的研究方向。第二步，根据每个聚类中的关键词概括出聚类名称，以此作为该领域的某一研究方向。第三步，通过得到的聚类数据绘制战略坐标图，将"关注度"作为横向坐标，"新颖度"作为纵向坐标，最终形成一个四象限坐标图，通过计算聚类的关注度和新颖度得出每个聚类在坐标图中对应的位置，以直观地展现聚类所代表的研究主题的关注度及新颖度。图 10 为绘制的战略坐标图。

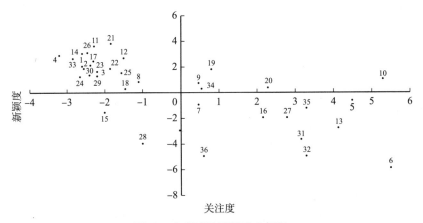

图 10　自贸试验区战略坐标图

其中，"新颖度"是通过计算各个聚类中关键词的平均年份与本文所有关键词平均年份之差得出的，用来衡量各个聚类出现的时间早晚，正值表示该聚类所代表的主题研究时间较晚，负值表示该聚类所代表的主题研究时间较早；"关注度"是通过计算各个聚类中关键词的共现频次的平均值与本研究所有关键词共现频次的平均值之差得出的，用关键词共现的频次来衡量聚类得到关注的程度，正值表示该聚类所代表的研究主题得到了较多关注，负值表示该聚类所代表的研究主题受到关注较少。

（二）战略坐标图的象限解读

1. 第一象限：关注度高，新颖度高

位于第一象限表明主题具有较高的新颖度和关注度。通过图 10 可知，聚类 9、聚类 10、聚类 19、聚类 20 和聚类 34 同时具备较高的新颖度和关注度，是该领域的核心前沿和热点，表 3 列举了这些聚类的具体组成情况。首先，聚类 9 和聚类 34 都代表着更多元的研究方法被运用于自贸试验区的研究中；其次，资源配置、经济增长以及创新是自贸试验区历久弥新的研究话题。

表 3 　　　　　　　　　　战略坐标图第一象限聚类解读

聚类序号	聚类主题	关键词
聚类 9	双重差分	双重差分、中介效应、动力机制、创新发展、产业结构、科技进步
聚类 10	资源配置	资源配置、制度供给、虹吸效应、融资约束
聚类 19	双循环	双循环、发力点、机制和协调
聚类 20	经济增长	经济增长、创新驱动、制度创新
聚类 34	比较分析	比较分析、金融开放、沿边省份

2. 第二象限：关注度低，新颖度高

位于第二象限的聚类是最新研究的主题，但是正处于发展过程中，受到的关注相对较少。表 4 列举了部分聚类的具体情况。通过这一象限可知，随着时代的变迁和研究的深入，自贸试验区这一话题也涌现出了一些新的研究领域和方法，环境保护、管理体制创新、文本分析法以及海南自贸港等研究内容可能成为下一阶段新的研究热点。

3. 第三象限：关注度低，新颖度低

位于第三象限的聚类新颖度和关注度都比较低，相对于其他象限的主题，研究关注的学者比较少，话题跟时代契合度较低。表 5 是这一象限内聚类的具体分析。

表4 战略坐标图第二象限部分聚类解读

聚类序号	聚类主题	关键词
聚类3	环境污染	环境污染、技术效应、结构效应、环境效应、规模效应
聚类8	海南自贸港	海南、自贸港、修改、科技创新、草案
聚类11	管理体制	管理体制、赋权增能、事权配置
聚类21	文本分析	文本分析、方案文本、注意力
聚类24	央地协同	央地协同、地际竞争、法律制度
聚类29	监管科技	监管科技、监管沙盒、金融科技
聚类33	产业聚集	产业聚集、资本错配、技术创新

表5 战略坐标图第三象限部分聚类解读

聚类序号	聚类主题	关键词
聚类15	功能定位	功能定位、法定机构、行政机构
聚类28	竞争中立	竞争中立、制度承诺、公平竞争
聚类37	融资租赁	融资租赁、立法创新、风险

4. 第四象限：关注度高，新颖度低

位于第四象限的聚类表明关键词出现年份比较久远，但是出现频率较高，出现在此象限的聚类一般都是该领域内比较大众化、基础性的研究主题，研究重要程度高但是研究的持续性不够，因此时效性不足。表6列举了第四象限部分聚类。从中可以看出，负面清单、中国启示、知识产权、营商环境以及市场准入都是自贸试验区曾经获得大量关注的基础性研究内容，如何能够发挥主动性持续深入地研究这些话题，是学者们面临的挑战。

表6 战略坐标图第四象限部分聚类解读

聚类序号	聚类主题	关键词
聚类6	负面清单	负面清单、法律定位、公私法
聚类7	中国启示	中国、经济特区、启示、降税政策
聚类13	知识产权	知识产权、海关、过境货物、对策、金融创新、西部
聚类16	营商环境	营商环境、增长极、法治化、国际经验、政策创新、市场监管、溢出效应
聚类32	市场准入	市场准入、国民待遇、经济效应

（三）自贸试验区的前沿趋势分析

结合上述战略坐标图中新颖度较高的聚类，进一步选择性阅读自贸试验区相关文献，结合政策引导方向，本文试图提出自贸试验区未来较有潜力的研究方向。

首先是研究内容。根据战略坐标图可知，"负面清单""知识产权""营商环境"等研究内容已有大量的文献积累，有广泛的研究基础，形成了较为完善的概念体系和理论框架；关于"经济增长""双循环""资源配置"等研究内容经历了长足的发展和持续的创新，成为自贸试验区相关研究中历久弥新的研究内容，对于这些关注度较高的研究展开更有深度的挖掘和创新探索将是学者们持续攻坚克难的方向；同时，学者们可能在自贸试验区研究宽度的拓展上有所建树，如宏观政策的协同与碰撞，包括"一带一路"倡议、高水平对外开放战略、新质生产力、可持续发展、新疆自贸试验区成立和法治思想等在微观上可能涵盖产业聚集、企业发展、供应链现代化、管理体制改革、央地协同等在内的更多研究层次和对象。

其次是研究方法。聚类9"双重差分"在第一象限，具备较高的关注度和新颖度，可以预见，在未来的研究发展中，包含合成控制法、双重差分法以及断点回归法在内的政策评价方法将成为主流的研究方法，同时兼顾中介效应、调节效应揭示更深层次的因果关系和内在机理。聚类34"比较分析"法具有较高的关注度和新颖度，案例比较分析法通过对比案例分析差异的方法，能够评估出更加可靠、客观和有效的结果。聚类21"文本分析"出现在第二象限，具有较高的新颖度，文本分析法能够通过挖掘文本的表层而深入到内层，具有客观性和系统性，以较低的经济效应实现对于研究对象深刻的科学认识，成为当下热门的一种研究方法。通过图谱和阅读文献可以发现，自贸试验区相关文献的研究方法逐渐规范化和多元化。

最后是研究情境。面对逆全球化的风险和波谲云诡的外部形势，自贸试验区的研究也被赋予了新的使命，必须与时俱进，把握时代变化的脉搏，数字化、信息化、科技化、共享化和绿色化成为新的研究应用情境，图谱中体现出新情境的关键词包括"环境污染""数字经济""碳排放""转型升级""创新发展"等，因此，来自不同领域的研究者应该加强合作与共享，积极开展跨领域、跨地域、跨机构合作，共同让自贸试验区的相关研究在与新情境交互过程中实现螺旋式发展。

六、结　语

当今世界正经历百年未有之大变局，我国发展处于重要战略机遇期，为了进一步统筹国内循环与国际循环，增强内循环的内生动力与可靠性，必须坚持自贸试验区提升战略，扩大高水平对外开放，在全球未来产业版图上占据一席之地，展现出中国式现代化的先进性。自贸试验区建设十周年以来，各自贸试验区以制度创新为核心，全力推进相关领域改革开放创新，为全面深化改革和扩大开放探索新途径、积累新经验，共向全国复制推广 302 项制度创新成果。在学术界，学者们对于自贸试验区的关注度逐渐增加，形成了丰富多样、富有深度的研究成果。然而已有的综述类研究缺乏科学化的总结，且主要聚焦于微观和中观层面，涉及文献知识图谱探析的宏观研究相对较少。因此，本文利用 CiteSpace 软件，采用共词分析、聚类分析和战略坐标图分析法，对 CNKI 数据库中筛选后的 1 672 篇核心文献进行计量分析。分析结果与展望如下：首先，在研究进展方面，通过对自贸试验区研究的总体发文情况、研究作者力量、研究机构力量以及研究期刊力量进行统计分析，并进行共现图谱分析，探究作者间和机构间的合作关系。其次，在研究热点方面，通过对关键词的共现分析、聚类分析、突现分析以及时区图的图谱绘制，尝试总结梳理自贸试验区的热点分布情况，以及演进脉络。最后，在前沿预测方面主要通过战略坐标图进行象限分析，研究相关聚类的新颖度和关注度，在研究内容、研究方法和研究情境上预测未来热点方向。

参考文献

［1］胡艺，张义坤，刘凯．内陆型自贸区的经济外部性："辐射效应"还是"虹吸效应"？［J］．世界经济研究，2022（2）：54－72＋135.

［2］刘秉镰，边杨．自贸区设立与区域协同开放——以京津冀为例［J］．河北经贸大学学报，2019，40（1）：90－101.

［3］刘剑文．法治财税视野下的上海自贸区改革之展开［J］．法学论坛，2014，29（3）：86－94.

［4］邵良杉，毕圣昊，王彦彬．自贸区试点政策对地区碳排放的影响效应——基于省际面板数据的实证分析［J］．企业经济，2023，42（2）：48－58.

［5］沈君，王续琨，陈悦，等．战略坐标视角下的专利技术主题分析——以第三代移动通信技术为例［J］．情报杂志，2012，31（11）：88－94.

［6］谭建华，严丽娜．自贸试验区设立与企业技术创新［J］．中南财经政法大学学报，2020（2）：48－56＋158－159.

［7］王方宏，李振．我国自贸试验区制度创新回顾与展望［J］．南海学刊，2024，10（2）：58－69.

［8］谢谦，刘洪愧．"一带一路"与自贸试验区融合发展的理论辨析和实践探索［J］．学习与探索，2019（1）：84－91.

［9］徐明强，董大海．中国自贸区营商环境的构成维度及影响因素研究

［J］. 管理案例研究与评论，2020，13（4）：460 – 475.

　［10］杨向东. 中国（上海）自贸试验区的经济与政治效应关系初探——以国民待遇为视角［J］. 上海财经大学学报，2014，16（6）：97 – 104.

　［11］张幼文. 自贸区试验的战略内涵与理论意义［J］. 世界经济研究，2016（7）：3 – 12 + 50 + 135.

　［12］CallonM.，Courtial J. P.，F. Laville. Co-word analysis as a tool for describing the network of interactions between basic and technological research：The case of polymer chemistry［J］. Scientometrics，1991，22（1）：155 – 205.

　［13］Chen C. CiteSpace Ⅱ：Detecting and visualizing emerging trends and transient patterns in scientific literature［J］. Journal of the American Society of Information Science and Technology，2006，57（3）：359 – 377.

Research Progress and Hotspots and Trends of China Pilot Free Trade Zone
—A Quantitative Analysis Based on the Literature from 2013 to 2023

Sun Zhuohua   Xie Huan   Shen Jun

[**Abstract**] The pilot free trade zone is the core strength of China's coordinated domestic and foreign double circulation, expanding the high level of opening up and promoting international competitiveness. Since the 10th anniversary of their construction, the pilot free trade zones have focused on institutional innovation and reform, opening up and innovation in relevant fields, and achieved fruitful results. Scholars also pay more and more attention to the pilot free trade zone, which has formed a variety of research results. This paper uses CiteSpace software, adopts co-word analysis method, cluster analysis method and strategic coordinate analysis method to carry out quantitative analysis on the core literature in CNKI database, analyzes the number of publications, research authors, research institutions and research journals, and further elaborates the existing research focus and the future development trends of related research.

[**Key Words**] China Pilot Free Trade Zone   bibliometrics   research status   highlights   prospects

JEL Classifications: F752

自贸区视域下港城协同发展研究

——以山东威海为例

▶ 蒋　鹏　董兆虎* ◀

【摘　要】港城互动是推动自贸区高质量发展的关键动力。然而，由于港口与城市在政策、规划和资源配置等方面的协调不足，港城互动在为自贸区发展提供赋能支撑方面仍显欠缺。本文以我国第一个也是唯一被写入国际双边自贸协定的城市——山东威海为例，构建了一个包含港口运营效能、港口基建水平、腹地经济发展、居民生活品质、城市基建水平以及环境治理水平六个方面的港城协同发展水平综合评价指标体系，并运用灰关联分析法对其进行实证研究。研究发现，威海在港口运营效能和城市腹地经济发展方面表现较为突出，但仍面临港城互动不足、协同度不高等问题。进一步的研究表明，港口发展对城市经济和基础设施建设具有显著推动作用，而城市经济指标对港口运营效能和港口基建水平也具有显著的正向影响。优势特征分析显示，城市劳动力资源、财政支持、消费市场活力和交通便利性等城市因素与港口发展密切关联，而泊位个数等港口的先天禀赋以及集装箱吞吐量和货物吞吐量等港口运营效能对城市发展的影响很大。本文为自贸区背景下港城协同发展提供了新的视角和理论参考。

【关键词】自贸区　港城互动　关键因素　灰关联分析　测度

一、引　言

在全球经济一体化和区域竞争日益加剧的背景下，港口与城市之间的互

* 蒋鹏，山东大学商学院副教授、博士生导师，通信地址：山东省威海市文化西路 180 号山东大学商学院，电子邮箱：jiangpeng1006@ sdu. edu. cn。董兆虎（通讯作者），山东大学商学院硕士研究生，通信地址：山东省威海市文化西路 180 号山东大学商学院，邮政编码：264209，电子邮箱：202317241@ mail. sdu. edu. cn。

动关系已成为推动地方乃至国家经济发展的重要动力（孟魁等，2023；吴蝶等，2024），对自贸区发展起着重要支撑作用。港城互动指的是港口与所在城市之间在经济、社会、环境等多方面相互作用和影响的关系（Guo et al.，2020），通过协同合作促进双方的共同发展和繁荣（朱希伟等，2023）。这种互动不仅能够优化城市的产业结构、提升物流效率及增强国际竞争力（Li et al.，2023a；米晋宏等，2024），还直接关系到自贸区的高质量发展。然而，当前许多地区在港城互动方面仍面临诸多挑战，如基础设施不匹配、政策协调不足、资源分配不合理等问题（Van den Berghe et al.，2023；孟魁等，2023），这些问题制约了港城互动水平的提升。因此，对港城互动水平进行有效测算，深入挖掘影响港城互动的关键因素，对于实现自贸区高质量发展显得尤为重要（Guo et al.，2020）。

现有文献研究主要有两类：一类侧重于案例研究，通过某一个或几个港口来探讨港口与城市之间的互动机制（Dadashpoor and Taheri，2023；拔芊等，2023；叶士琳等，2023），这些研究提供了丰富的背景信息和理论框架，但是对于多个港口的差异化分析仍然不足。另一类使用定量方法分析港城互动的影响机制（邓昭等，2021；贾鹏等，2023），但往往局限于特定的经济指标或单一维度的影响因素，未能全面反映港城互动的复杂性和多维性，难以全面揭示港城互动的深层次关联（Liu et al.，2021），而且港口、城市相关数据缺失也对量化研究方法提出了新要求。综上所述，现有研究尚未充分关注自贸区背景下港城互动的独特性和挑战，缺乏针对自贸区特点的评价指标体系和定量评估方法，难以全面反映自贸区港城互动的高质量发展。

本文以自贸区背景下港城互动为研究对象，构建了包含港口运营效能、港口基建水平、腹地经济发展、居民生活品质、城市基建水平以及环境治理水平六个方面的综合评价指标体系，并使用熵权法确定指标权重。在此基础上，本文以我国第一个也是唯一被写入国际双边自贸协定的城市——山东威海为例，运用邓氏灰关联对其2013～2022年的港城互动水平进行了测度，并与山东半岛其他五个典型城市的港城互动水平进行了横向比较。此外，本文通过灰色综合关联分析和优势特征分析，揭示了自贸区背景下影响港城互动的关键因素。

本文的边际贡献如下：第一，本文构建了自贸区背景下港城协同发展的综合评价指标体系，并使用熵权法确定各指标的权重，为自贸区港城互动的量化评估提供了理论框架和实践参考；第二，本文运用灰关联分析法对自贸区背景下港城互动水平进行测度，为小样本、贫信息场景下自贸区港城互动的测度研究提供了量化分析方案；第三，本文进一步使用灰色综合灰关联和优势分析法深入挖掘了自贸区背景下影响港城协同发展的关键因素，为理解自贸区港城互动的复杂机制提供了新的视角，并为自贸区港城协同发展提供了理论支撑和实践参考。

二、文献综述

已有学者从多个视角对港城互动进行了研究。新经济地理学（NEG）强调集聚效应和规模经济在港城互动中的重要作用（Li et al.，2023b），研究发现，产业集聚能够增强港口和城市的竞争力（杜昕然，2020）。港口地理学则关注基础设施建设和空间布局对港城互动的影响，研究发现，良好的交通网络和基础设施是港城互动的重要支撑（邓昭等，2021），波特（Porter，1998）的竞争优势理论也强调了基础设施和区位优势在提升城市和港口竞争力中的关键作用（金一等，2016）。共生理论强调港口和城市具有高度的协调共生关系（徐士伟和许鑫，2017）。随着可持续发展理论的兴起，港城互动不再局限于经济层面，而是扩展到了社会和环境领域（Kong and Liu，2021；李南等，2022）。此外，有学者依据治理理论探讨了政策协调和制度安排在港城互动中的重要性（鲁渤等，2019）。

现有研究在港城互动领域主要从案例和定量两个方向进行了探讨。首先，许多学者通过案例分析探讨了特定港口城市的发展模式及其成功经验。例如，有研究深入剖析了南通市"港—产—城"融合发展路径和演化趋势（符琳蓉等，2021），还有的学者通过几个港口的比较来探索港城互动的成功经验（王选飞等，2020）。在定量研究方面，有学者使用面板数据分析了港城关系发展对城市经济增长的影响（Zhao et al.，2024；殷翔宇等，2022），以及港口竞争力对腹地经济结构和区域产出水平的影响（鲁渤等，2019），还有研究还使用复杂仿真模型分析了港城互动关系（Chen，2021；Yildirim and Gökkus，2023；郭振峰等，2016）。尽管这些研究提供了丰富的实证证据，但它们大多集中在单一维度。例如，多数研究侧重于经济层面（Liu et al.，2022a），忽略了社会、环境等层面的特征。并且现有研究尚未充分关注自贸区背景下港城互动的独特性和挑战，缺乏针对自贸区特点的评价指标体系和定量评估方法。

三、研究设计

首先，本文以自贸区背景下港城互动为研究对象，在前人文献的基础上，综合考量港口与城市发展两个方面，构建自贸区背景下港城协同发展的综合评价指标体系，并使用熵权法赋权，保证指标权重的客观性。其次，本文运用关联度分析模型，从时间和空间两个维度对自贸区背景下港城协同发展水平进行测度，揭示其动态演化趋势和横向差异。在此基础上，进一步使用灰色关联和优势特征分析，明确哪些要素在推动自贸区背景下港城互动中起主导作用，最终提出自贸区背景下港城协同发展的提升路径。

（一）指标权重确定方法：熵权法

在自贸区港城协同发展的评价中，各个指标的重要性不尽相同，且这些指标之间的关系复杂（Wang et al.，2023）。传统的主观赋权方法容易受到专家主观判断的影响，而熵权法不仅能够客观地反映各指标的重要程度，还能有效处理多指标综合评价中的不确定性问题（Xiao et al.，2023；米晋宏等，2024）。

1. 第一步：数据的标准化处理

鉴于港城系统的评估指标涵盖多种维度和不同属性，这些指标在性质上差异显著。为避免原始数据的不同量纲和量级对整体评价结果产生影响，本文采用极值法对数据进行预处理。具体而言，假设构建的港城系统指标原始矩阵 Z 包含 i 个指标和 j 个评价对象，对于正向指标 z_{ij}，其标准化处理方法如下：

$$z_{ij} = \frac{z_{ij}}{\max(z_{ij})} \tag{1}$$

负向指标 z_{ij} 的标准化方法：

$$z'_{ij} = 1 - \frac{z_{ij}}{\max(z_{ij})} + \left\{ 1 - \max\left[\frac{z_{ij}}{\max(z_{ij})} \right] \right\} \tag{2}$$

在将原始的正负指标数据进行标准化处理后，我们构建了一个标准化的港口与城市系统矩阵，记作 Z。

2. 第二步：计算概率矩阵 P

将标准化处理后的数据构建成一个新的矩阵 M，该矩阵由 n 个指标和 m 个样本组成。在本文中，标准化后的数据矩阵表示为 $M = (X_{ij})_{m \times n}$，其中，m = 6，n = 31。具体来说，矩阵 M 的形式如下：

$$M = \begin{pmatrix} X_{11} & X_{12} & \cdots & X_{1n} \\ X_{21} & X_{22} & \cdots & X_{2n} \\ \vdots & \vdots & \vdots & \vdots \\ X_{m1} & X_{m2} & \cdots & X_{mn} \end{pmatrix} \tag{3}$$

其中，X_{ij} 是指标 j 在第 i 项目的评价值。其中 i = 1，2，⋯，m，j = 1，2，n。

P_{ij} 即第 i 个项目在指标 j 中的比重：

$$P_{ij} = \frac{X_{ij}}{\sum_{i}^{m=6} X_{ij}} \tag{4}$$

则形成的新的矩阵 P 为：

$$P = \begin{pmatrix} P_{11} & P_{12} & \cdots & P_{1n} \\ P_{21} & P_{22} & \cdots & P_{1n} \\ \vdots & \vdots & \vdots & \vdots \\ P_{m1} & P_{m2} & \cdots & P_{mn} \end{pmatrix} \tag{5}$$

3. 第三步：计算熵值

熵值反映了指标 j 对所有项目的总贡献。熵值越小，该指标被赋予的权重越大。具体来说，指标 X_j 的熵值 E_j 计算如下：

$$E_j = -k \sum_{i}^{m=6} P_{ij} \times \ln P_{ij} \tag{6}$$

其中，$k = \dfrac{1}{\ln m}$。

4. 第四步：计算一致性程度

C_j 表示第 j 个指标的一致性程度，则：

$$C_j = 1 - E_j \tag{7}$$

5. 第五步：计算熵权

第 j 个指标的熵权用 ω_j 来表示，则：

$$\omega_j = \frac{C_j}{\sum_{j}^{n=31} C_j} \tag{8}$$

（二）构建关联度分析模型

自贸区港城互动是一个复杂的系统，涉及经济、社会、环境等多个方面的因素，这些因素之间的关系往往是非线性的且存在不确定性。在处理此类复杂性和不确定性方面，经典的统计手段，如回归分析和因子分析，往往表现出一定的不足。相比之下，灰色关联分析法是一种有效的多因素分析方法（Abid et al.，2021），特别适用于数据量有限、信息不完全的情况（Liu et al.，2022b）。它能够通过计算各因素之间的关联度来衡量它们之间的相互影响程度，从而揭示港城互动的关键因素及其动态变化。

1. 邓氏灰关联分析法

本文主要使用邓氏灰关联分析法测度港口与城市的互动水平。计算步骤如下。

（1）第一步：以标准化处理后的数据构建原始矩阵。设矩阵 M 由 n 个指标和 m 个样本组成：

$$M = \begin{pmatrix} X_1'(1) & \cdots & X_2'(1) & \cdots & X_n'(1) \\ X_1'(2) & \cdots & X_2'(2) & \cdots & X_n'(2) \\ X_1'(3) & \cdots & X_2'(3) & \cdots & X_n'(3) \\ \vdots & \vdots & \vdots & \vdots & \vdots \\ X_1'(m) & \cdots & X_2'(m) & \cdots & X_n'(m) \end{pmatrix} \tag{9}$$

其中，$X_i' = (X_i'(1), X_i'(2), \cdots, X_i'(m))^T$，$i = 1, 2, \cdots, n$。

（2）第二步：选择并确定参考序列以及比较序列的设定。本文将参考序列确定为各指标的最优值，则：

参考序列：

$$X_0' = (X_0'(1), X_0'(2), \cdots, X_0'(m)) \tag{10}$$

比较序列：

$$X_i' = (X_i'(1), X_i'(2), \cdots, X_i'(m))^T \tag{11}$$

（3）第三步：计算绝对差。计算每一个样本的比较序列与参考序列的绝对差值：

$$|X_0(j) - X_i(j)|, \quad i = 1, 2, \cdots, n, \quad j = 1, 2, \cdots, m \tag{12}$$

（4）第四步：计算极值。计算绝对差中的极大值和极小值。

极大值：

$$\max_{i=1}^{n} \max_{j=1}^{m} |X_0(j) - X_i(j)| \tag{13}$$

极小值：

$$\min_{i=1}^{n} \min_{j=1}^{m} |X_0(j) - X_i(j)| \tag{14}$$

（5）第五步：计算关联系数。依次计算每个比较序列与特定参考序列的关联系数。

$$\xi_i(j) = \frac{\max_{i=1}^{n} \max_{j=1}^{m} |X_0(j) - X_i(j)| + \rho \min_{i=1}^{n} \min_{j=1}^{m} |X_0(j) - X_i(j)|}{|X_0(j) - X_i(j)| + \rho \min_{i=1}^{n} \min_{j=1}^{m} |X_0(j) - X_i(j)|}$$

$$i = 1, 2, \cdots, n, \quad j = 1, 2, \cdots, m, \quad \rho = 0.5 \tag{15}$$

其中，ρ 是分辨系数，$\rho \in (0, 1)$，通常取 0.5。

（6）第六步：计算关联度。

$$r_i = \frac{1}{m} \sum_{j=1}^{m} \omega_j \times \xi_i(j) \tag{16}$$

其中，ω_j 是指标 j 的权重，由前面所述的熵权法确定。

灰色关联度可以划分为四个水平，如表 1 所示。

2. 综合灰关联

综合灰关联将绝对关联度和相对关联度相结合，关联分析更加全面（Abid et al.，2021）。在本文中，综合灰关联分析法用于更准确地衡量自贸区框架下港口与城市内部要素之间的关联关系。

表1	灰色关联度等级划分
关联度	水平
$0 < r_i \leqslant 0.35$	关联度弱
$0.35 < r_i \leqslant 0.65$	关联度中等
$0.65 < r_i \leqslant 0.9$	关联度较强
$0.9 < r_i \leqslant 1$	关联度强

综合关联度的计算公式如下：

$$\delta_{0i} = \theta\eta_{0i} + (1 - \theta)\rho_{0i}, \quad \theta = 0.5 \tag{17}$$

其中，δ_{0i} 为综合关联度，η_{0i} 为绝对关联度，ρ_{0i} 为相对关联度，θ 为分辨系数。

（1）相对关联度计算。设港口的各项指标为特征序列 X，城市的各项指标为相关序列 Y，则共同构成行为序列为：

$$X = (x(1), x(2), \cdots, x(n))$$
$$Y = (y(1), y(2), \cdots, y(n)) \tag{18}$$

序列初值化：

$$X_0' = (x_0'(1), x_0'(2), \cdots, x_0'(m))$$
$$Y_0' = (y_0'(1), y_0'(2), \cdots, y_0'(m)) \tag{19}$$

始点零像化：

$$X_0^0 = (x_0^0(1), x_0^0(2), \cdots, x_0^0(m))$$
$$Y_0^0 = (y_0^0(1), y_0^0(2), \cdots, y_0^0(m)) \tag{20}$$

依次计算指标相关因素序列与特征序列之间相互对应的累加值以及绝对差：

$$|D_0| = \left| \sum_{i=2}^{n-1} x_0^0(i) + \frac{1}{2}x_0^0(n) \right| \tag{21}$$

$$|D_i| = \left| \sum_{i=2}^{n-1} y_0^0(i) + \frac{1}{2}y_0^0(n) \right| \tag{22}$$

$$|D_i - D_0| = \left| \sum_{i=2}^{n-1} y_0^0(i) - x_0^0(i) + \frac{1}{2}\left(\frac{1}{2}y_0^0(n) - x_0^0(n)\right) \right| \tag{23}$$

由公式（23）便可以得出相关关联度 ρ_{0i}。

$$\rho_{0i} = \frac{1 + |D_0| + |D_i|}{1 + |D_0| + |D_i| + |D_i - D_0|} \tag{24}$$

（2）绝对关联度计算。与相对关联度相比，绝对关联度计算不再进行序列初值化，其余计算步骤相同。

3. 优势分析

优势分析模型是一种基于综合关联度结果，进一步确定最优特征和因素的方法。在自贸区框架下，通过优势分析，我们可以明确哪些港口特征和区域因素对港城互动的高质量发展贡献最大。

设综合灰关联结果为 δ_{ij}，$i=1，2，\cdots，m，j=1，2，\cdots，n$，其中，$i$ 表示的是第 i 个港口特征序列，$m=6$ 为港口特征序列总数，j 为第 j 个城市因素序列，$n=25$ 为城市因素序列总数。

（1）分别计算优势特征。

$$\sum_{j=1}^{n} \delta_{1j}，\sum_{j=1}^{n} \delta_{2j}，\cdots，\sum_{j=1}^{n} \delta_{mj} \tag{25}$$

比较其数值大小，确定最优、次优特征及其他特征。

（2）分别计算优势因素。

$$\sum_{i=1}^{m} \delta_{i1}，\sum_{i=1}^{m} \delta_{i2}，\cdots，\sum_{i=1}^{m} \delta_{in} \tag{26}$$

比较其数值大小，确定最优、次优因素及其他因素。

四、实证研究

（一）构建综合评价指标体系

本文立足自贸区框架，从港口和城市两个层面选择了 31 个指标，具体指标如表 2 所示。

表 2   港口—城市系统综合评价指标体系

系统	准则层	指标层	指标变量	单位
港口	港口运营效能 P_1	集装箱吞吐量	X_3	万 TEU
		货物吞吐量	X_1	万吨
		外贸吞吐量	X_2	万吨
	港口基建水平 P_2	泊位个数	X_5	个
		通货能力	X_6	万吨
		码头总长度	X_4	米
城市	腹地经济发展 U_1	GDP	Y_1	亿元
		固定资产投资	Y_3	亿元
		第三产业占比	Y_2	%
		进出口总额	Y_4	亿元

系统	准则层	指标层	指标变量	单位
城市	腹地经济发展 U_1	社会消费品零售总额	Y_5	亿元
		实际利用外资总额	Y_6	亿美元
		财政收入	Y_7	亿元
		可支配收入（人均）	Y_8	元
		旅游收入总数	Y_9	亿元
	居民生活品质 U_2	年末常住人口	Y_{10}	万人
		年末城镇从业人口	Y_{11}	万人
		在岗职工平均工资	Y_{12}	元
		卫生医疗机构总数	Y_{13}	个
		在校大学生数	Y_{14}	人
	城市基建水平 U_3	城市道路面积（人均）	Y_{15}	平方米
		年末公共交通运营车数	Y_{16}	辆
		建成区总面积	Y_{17}	平方公里
		邮电业务总量	Y_{18}	亿元
		客运量	Y_{19}	万人
		货运量	Y_{20}	万吨
	环境治理水平 U_4	建成区绿化覆盖率	Y_{21}	%
		城市园林绿地面积	Y_{22}	公顷
		一般工业固体废物产生量	Y_{23}	万吨
		废水排放总量	Y_{24}	万吨
		工业废气排放总量	Y_{25}	亿标立方米

（二）数据来源与样本选择

山东威海是我国第一个也是唯一被写入国际双边自贸协定的城市，连续三次入选国家服务贸易创新发展试点，在自贸区中具有广泛的代表性，其提出的"四港联动"发展模式和经验对其他城市具有较强的借鉴意义。通过深入研究威海自贸区港城互动的发展现状和趋势，可以为自贸区港城互动高质量发展提供理论支撑和实践参考，并为其他沿海自贸片区港城协同发展提供借鉴。

本文数据主要来自各年度《中国港口统计年鉴》《山东省统计年鉴》《威海市统计年鉴》以及山东省各市的国民经济和社会发展统计公报等。

（三）确定指标权重

本文选取山东半岛的青岛、烟台、潍坊、日照与威海五个城市为样本，其中青岛、烟台以及日照港（隶属于青岛港集团）均属于山东自贸区，威海属于中韩自贸区，而潍坊不属于自贸区，这样权重测算更有代表性，结果如表3所示。

表3 港口—城市综合评价指标体系权重分布

系统	准则层	权重	指标层	权重
港口	港口运营效能	0.715	集装箱吞吐量	0.317
			货物吞吐量	0.154
			外贸吞吐量	0.244
	港口基建水平	0.285	泊位个数	0.058
			通货能力	0.154
			码头总长度	0.072
城市	腹地经济发展	0.341	GDP	0.037
			固定资产投资	0.037
			第三产业占比	0.001
			进出口总额	0.044
			社会消费品零售总额	0.046
			实际利用外资总额	0.099
			财政收入	0.046
			可支配收入（人均）	0.003
			旅游收入总数	0.029
	居民生活品质	0.240	年末常住人口	0.022
			年末城镇从业人口	0.109
			在岗职工平均工资	0.032
			卫生医疗机构总数	0.026
			在校大学生数	0.051
	城市基建水平	0.270	人均城市道路面积	0.004
			年末公共交通运营车数	0.066
			建成区面积	0.050
			邮电业务总量	0.100

系统	准则层	权重	指标层	权重
城市	城市基建水平	0.270	客运量	0.013
			货运量	0.037
	环境治理水平	0.148	建成区绿化覆盖率	0.000
			城市园林绿地面积	0.059
			一般工业固体废物产生量	0.035
			废水排放总量	0.031
			工业废气排放总量	0.23

从表 3 中可以观察到，在港口系统中，港口的运营效率起着决定性作用。这是因为港口的运营效率是港口对腹地经济贡献的核心，而港口基础设施的建设水平通常是通过提高港口运营效率来间接促进城市发展的。如中韩自贸区，港口对威海的直接贡献很大一部分来自外贸和集装箱货运，同时，腹地经济发展相对重要，这也印证了腹地经济发展是自贸区发展的基础，然后是城市基建水平，这为自贸区发展起着支撑作用。此外，居民的生活质量和环境治理的成效也是影响自贸区发展的重要因素。

（四）自贸区港城协同发展水平

本文分别使用邓氏灰关联对自贸区样本城市——威海港城协同发展水平从时间维度和空间维度进行探究，分析其动态演化趋势和横向差异，并使用灰色综合灰关联和优势分析识别自贸区港城互动的关键因素，为自贸区港城互动水平的提升路径分析奠定基础。

1. 港城协同发展水平的动态演化及横向比较

本文运用邓氏灰关联，以 2013～2022 年为观测区间，测算了威海港口—城市系统的关联度，如图 1 所示。

从图 1 可以发现，威海港口与城市之间的关联度在 0.65～0.82 之间，属于中等至较强关联的阶段，说明威海港口和城市之间的关联度处于中等偏上的水平，但仍有发展空间。根据 2013～2023 年威海港口与城市系统关联度的分析，可以看出两者之间的联系经历了显著的变化。2013～2017 年，关联度维持在较高的水平，显示出港口与城市之间良好的协同发展态势。然而，自 2017 年起，这一关联度开始下降，特别是在 2019 年威海港正式划归青岛港集团后，关联度降至历史低位 0.6587，这可能与管理权变更带来的不确定性及整合过程中的挑战有关。尽管如此，自 2020 年起，随着整合效果的显现以及双方协作机制的逐步完善，关联度又呈现出回升的趋势，至 2023 年达到了

0.7349，显示出港口与城市之间重新建立起了较强的合作关系。这一趋势表明，通过有效的管理和战略调整，可以克服短期困难，促进港城互动水平的持续提升。威海港口—城市关联度增长率如图2所示。

图1　2013～2023年威海港口—城市系统的关联度

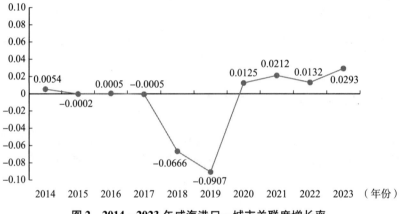

图2　2014～2023年威海港口—城市关联度增长率

同时，本文以新冠疫情发生之前的2019年和之后的2023年为例，展示了威海、青岛、烟台、日照和潍坊五个城市的港城关联度（分别如图3和图4所示）。根据图3可知，2019年青岛的港城关联度高达0.9778，显示了其港口与城市之间极高的互动水平；烟台和日照紧随其后，表明这两个城市也拥有较强的港城互动关系；潍坊的关联度为0.7455，处于中等水平。值得注意的是，同年威海港正式划归青岛港集团，然而在此背景下，威海港的港城关联度仅为0.6587，明显低于其他城市，反映出威海港口与城市之间的互动相对较弱。这一较低的关联度可能与管理权变更带来的短期不确定性有关。

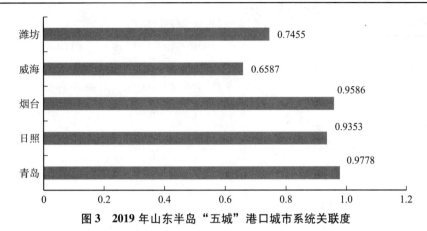

图3 2019年山东半岛"五城"港口城市系统关联度

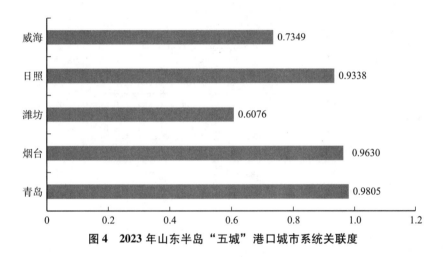

图4 2023年山东半岛"五城"港口城市系统关联度

根据图4可知，2023年威海港与城市系统的关联度从2019年的0.6587提升至0.7349，显示出明显的增长趋势。这一增长表明威海港与城市之间的互动有了显著改善。相比之下，青岛的关联度继续保持高位，烟台和日照的关联度虽有小幅下降，但仍分别保持在0.9630和0.9338的高水平；潍坊成为唯一一个关联度下降的城市。尽管如此，威海港与城市系统的关联度仍低于青岛、烟台和日照，但增长趋势表明威海正在努力追赶其他城市的步伐，特别是在2019年威海港划归青岛港集团这一重要节点后，这一进展尤为显著。

2. 运用综合灰关联计算港城系统内部因素关联互动水平

表4展示了威海港口系统指标与城市系统指标之间的综合关联度。从表中可以看出，所有指标之间的综合关联度均高于0.6，处于中等以上的关联水平，部分指标在0.9以上，表示存在强关联关系。

表 4　　　　　　　　　威海港口—城市综合关联度

准则	指标层	港口运营效能			港口基建水平		
		货物吞吐量	外贸吞吐量	集装箱吞吐量	码头总长度	泊位个数	通货能力
腹地经济发展	GDP	0.848	0.752	0.887	0.741	0.936	0.804
	第三产业占比	0.765	0.718	0.774	0.687	0.920	0.839
	固定资产投资	0.840	0.715	0.824	0.829	0.820	0.725
	进出口总额	0.853	0.724	0.772	0.883	0.776	0.692
	社会消费品零售总额	0.864	0.762	0.908	0.746	0.916	0.797
	实际利用外资总额	0.823	0.760	0.878	0.652	0.863	0.947
	财政收入	0.865	0.788	0.891	0.674	0.923	0.920
	可支配收入（人均）	0.761	0.650	0.804	0.826	0.764	0.699
	旅游收入总数	0.920	0.776	0.830	0.809	0.859	0.740
居民生活品质	年末常住人口	0.741	0.707	0.788	0.605	0.740	0.861
	年末城镇从业人口	0.868	0.798	0.884	0.681	0.935	0.906
	在岗职工平均工资	0.797	0.660	0.754	0.837	0.725	0.667
	卫生医疗机构总数	0.803	0.754	0.842	0.637	0.818	0.890
	在校大学生数	0.869	0.731	0.811	0.833	0.818	0.720
城市基建水平	人均城市道路面积	0.737	0.679	0.758	0.740	0.891	0.842
	年末公共交通运营车数	0.855	0.762	0.891	0.732	0.926	0.816
	建成区面积	0.737	0.704	0.783	0.604	0.736	0.855
	邮电业务总量	0.818	0.917	0.760	0.786	0.785	0.707
	客运量	0.605	0.636	0.589	0.760	0.628	0.576
	货运量	0.796	0.654	0.740	0.819	0.708	0.657
环境治理水平	建成区绿化覆盖率	0.740	0.710	0.785	0.603	0.731	0.850
	城市园林绿地面积	0.835	0.732	0.882	0.770	0.891	0.774
	一般工业固体废物产生量	0.739	0.710	0.785	0.603	0.730	0.850
	废水排放总量	0.744	0.694	0.758	0.710	0.894	0.829
	工业废气排放总量	0.767	0.726	0.771	0.673	0.889	0.826

表 5 揭示了港口系统指标层与城市准则层之间的总体关联强度。分析表中的数据，我们可以得出以下结论：第一，城市经济腹地的发展与港口各项指标之间的综合关联度最为显著，均在 0.65 以上，表明城市的经济发展对港口的建设和运营具有重要的支撑作用，而港口又对自贸区经济具有反哺促进

作用（Qu et al.，2023）。第二，城市基建水平与港口指标的综合关联度较强，尤其是与泊位个数（4.674）和集装箱吞吐量（4.521）的关联度较高。这表明港口基础设施建设对城市基础设施的改善有积极作用（Cong et al.，2020）。第三，居民生活品质与港口指标显示出一定的相关性（Cerreta et al.，2020）。例如，集装箱吞吐量与居民生活品质的关联度为4.079，表明港口运营对居民就业有一定的影响。第四，环境治理水平与港口指标的综合关联度最低，但仍显示出一定的相关性。例如，通货能力与环境治理水平的关联度为4.129，表明环境对港口效能的影响需要关注（Dong et al.，2024；Wang et al.，2024），特别是随着人们的环保意识以及自贸区环境规制措施不断增强，未来生态环境要求对港口发展的影响将越来越重要（Qu et al.，2023）。

表5　　　　　　　威海港口指标与城市准则层指标的综合关联度

准则	货物吞吐量	外贸吞吐量	集装箱吞吐量	码头总长度	泊位个数	通货能力
腹地经济发展	7.539	6.645	7.568	6.847	7.777	7.163
居民生活品质	4.078	3.650	4.079	3.593	4.036	4.044
城市基建水平	4.548	4.352	4.521	4.441	4.674	4.453
环境治理水平	3.825	3.572	3.981	3.359	4.135	4.129

表6呈现了城市各项指标与港口准则层指标之间的综合关联度。通过分析表中的数据，我们可以得出以下结论：首先，影响港口运营效能的关键因素主要来自腹地经济发展的指标，如国内生产总值（GDP）、第三产业的比例、进出口总额以及社会消费品零售总额等。这些指标显示出腹地经济发展对港口运营效能的积极影响（Deng et al.，2024）。其次，对港口基础设施水平影响较大的城市指标主要包括腹地经济发展的指标，如固定资产投资、实际利用外资总额和财政收入，以及与城市基础设施水平相关的指标，如人均城市道路面积和年末公共交通运营车辆数量等，表明城市的资金投入和财政支持对港口基建水平具有显著的正向影响（Bedoya‑Maya and Calatayud，2023；Cong et al.，2020）。

表6　　　　　　　威海城市指标与港口准则层指标的综合关联度

准则	港口运营效能	港口基建水平
GDP	2.487	2.481
第三产业占比	2.257	2.446
固定资产投资	2.379	2.374
进出口总额	2.349	2.351

准则	港口运营效能	港口基建水平
社会消费品零售总额	2.534	2.459
实际利用外资总额	2.461	2.462
财政收入	2.544	2.517
可支配收入（人均）	2.215	2.289
旅游收入总数	2.526	2.408
年末常住人口	2.236	2.206
年末城镇从业人口	2.550	2.522
在岗职工平均工资	2.211	2.229
卫生医疗机构总数	2.399	2.345
在校大学生数	2.411	2.371
人均城市道路面积	2.174	2.473
年末公共交通运营车辆数量	2.508	2.474
建成区面积	2.224	2.195
邮电业务总量	2.495	2.278
客运量	1.830	1.964
货运量	2.190	2.184
建成区绿化覆盖率	2.235	2.184
城市园林绿地面积	2.449	2.435
一般工业固体废物产生量	2.234	2.183
废水排放总量	2.196	2.433
工业废气排放总量	2.264	2.388

3. 运用优势分析识别港城互动的优势因素与特征

表 7 展示了港口各指标与城市综合发展优势的分析结果。可以发现，泊位个数（20.622）对城市发展的促进作用最大，这主要是因为泊位数量直接影响港口的处理能力和运营效率，进而提升港口的物流服务质量和吸引力，促进城市经济的快速增长。集装箱吞吐量（20.149）和货物吞吐量（19.990）紧随其后，这两个指标反映了港口作为物流中心的核心功能，高吞吐量不仅提升了货物周转速度，还促进了国际贸易和本地产业的发展，对城市经济结构的优化和产业升级起到了关键作用。此外，通货能力（19.789）、码头总长度（18.240）以及外贸吞吐量（18.219）分别反映了货物流通的最大效能、港口的服务能力和扩张潜力、国际交流与合作对城市发展的重要性。

表 7   **威海港口—城市优势特征序列及其排序**

排序	港口指标	关联度值	排序	港口指标	关联度值
1	泊位个数	20.622	4	通货能力	19.789
2	集装箱吞吐量	20.149	5	码头总长度	18.240
3	货物吞吐量	19.990	6	外贸吞吐量	18.219

表 8 展示了城市各指标对于港口发展优势的分析结果。结果显示，年末城镇从业人口（5.072）对港口发展的促进作用最大，表明劳动力资源是港口高效运作和持续发展的关键因素。财政收入（5.061）位居第二，反映了城市经济实力对港口基础设施建设和维护的支持力度。社会消费品零售总额（4.993）和年末公共交通运营车数（4.982）分别排在第三位和第四位，表明消费市场活力和交通便利性对港口物流效率和吸引力有重要影响（Lin et al.，2024）。旅游收入总数（4.934）和实际利用外资总额（4.923）也显示出较高关联度，说明旅游业和外资对港口经济多元化和国际化水平的提升起到积极作用。相比之下，一些指标如可支配收入（人均）（4.504）、年末常住人口（4.442）和在岗职工平均工资（4.440）关联度较低，这可能是因为这些指标更多地反映了个别居民的生活水平，而非整体经济活动对港口发展的直接影响。其他如建成区面积（4.419）和工业废气排放总量（4.652）等指标虽然关联度较低，但也反映了城市空间布局和环境保护对港口可持续发展的重要性。

表 8   **威海港口—城市系统优势因素序列及其排序**

城市指标	关联度值	排序
GDP	4.968	5
第三产业占比	4.703	13
固定资产投资	4.753	11
进出口总额	4.700	14
社会消费品零售总额	4.993	3
实际利用外资总额	4.923	7
财政收入	5.061	2
可支配收入（人均）	4.504	18
旅游收入总数	4.934	6
年末常住人口	4.442	19
年末城镇从业人口	5.072	1

城市指标	关联度值	排序
在岗职工平均工资	4.440	20
卫生医疗机构总数	4.744	12
在校大学生数	4.782	9
人均城市道路面积	4.647	16
年末公共交通运营车数	4.982	4
建成区面积	4.419	21
邮电业务总量	4.773	10
客运量	3.794	25
货运量	4.374	24
建成区绿化覆盖率	4.419	21
城市园林绿地面积	4.884	8
一般工业固体废物产生量	4.417	23
废水排放总量	4.629	17
工业废气排放总量	4.652	15

五、研究结论和讨论

（一）研究结论

本文立足自贸区框架，构建了包含港口运营效能、港口基建水平、腹地经济发展、居民生活品质、城市基建水平以及环境治理水平六个方面的港城协同发展水平综合评价指标体系，以中韩自贸区地方经济合作示范区山东威海为样本，采用灰关联分析方法进行了实证分析。结果表明，威海港城互动整体处于中强度水平，但仍然存在一些制约因素。进一步研究发现，港口运营效能中的集装箱吞吐量、外贸吞吐量和货物吞吐量，以及港口基建水平中的码头总长度、泊位个数和通货能力与城市腹地经济发展、城市基建水平的关联度较高，表明港口发展对城市经济和基础设施建设具有显著推动作用。此外，优势分析结果显示，GDP、第三产业占比、进出口总额、社会消费品零售总额等腹地经济发展指标与港口运营效能密切关联，腹地经济发展和城市基建水平对港口基建水平密切关联，表明港口运营效能、基建水平以及腹地经济发展和城市基建水平对自贸区高质量发展具有显著推动作用。

(二) 管理启示

第一，完善自贸区港城互动的协同治理体系。在自贸区背景下，应构建一个由政府、港口运营商、企业以及相关利益主体共同参与的协调机制，以统筹规划和推动港城互动的高质量发展。同时，在自贸区框架下，应加强城市与港口之间的资源配置，通过政策引导产业、资本、人才等关键要素向港城互动的关键领域集中，提高资源配置效率。同时，探索"政府引导、市场运作、社会参与"的合作模式，鼓励社会资本投入港城互动项目，促进多元化的市场参与和港城互动的创新发展。

第二，在城市层面应做到以下几点：一是立足自贸区政策优势，制定港城协同发展规划，明确发展目标、空间布局和重点任务，并设立港城融合发展示范区，先行先试，探索可复制、可推广的经验；二是依托自贸区市场优势，重点发展临港产业，推动产业链上下游延伸，形成产业集群效应，提升自贸区综合竞争力；三是增加对交通、物流、信息基础设施的投资，以增强城市的承载能力和服务水平，从而为自贸区高质量发展提供坚实的支持。

第三，在港口层面应做到以下几点：一是积极争取自贸区优惠政策支持，先行先试，在实现港口数智化转型，打造数字港口、智慧港口等方面发力，获取先发优势；二是立足国际贸易区位优势和政策优势，推动港口向现代物流、航运服务、金融保险等多元化业务拓展，增强港口发展后劲，提升港口综合服务能力，赋能自贸区高质量发展。

(三) 研究局限和未来展望

本文主要基于 2013～2022 年的时间序列数据进行分析，虽然这些数据提供了有价值的见解，但时间跨度相对较短，可能无法完全捕捉到长期趋势和周期性变化。此外，某些关键指标的数据获取存在困难，如自贸区详细的环境治理措施和政策措施等，未来可以引入大数据、机器学习等数字技术，提高数据分析的精度。此外，尽管威海作为一个典型的自贸区城市案例，具有一定的代表性，但其具体情况可能与其他自贸区有所不同，因此，未来的研究需要扩展到更多的城市和地区，以验证和丰富本研究的发现。

参考文献

[1] 拔芊，何丹，康译之 . 长三角集装箱港口直接腹地与间接腹地的识

别与演化［J］. 地理学报，2023（10）：2520－2534.

［2］邓昭，李振福，郭建科等. 中国港口地理学研究进展与展望［J］. 地理科学，2021（4）：606－614.

［3］杜昕然. 湾区经济发展的历史逻辑与未来趋势［J］. 国际贸易，2020（12）：48－57.

［4］符琳蓉，任以胜，陆林等. 南通市"港—产—城"融合发展及演化特征研究［J］. 现代城市研究，2021（6）：60－66.

［5］郭振峰，范厚明，崔文罡等. 港城互动构建绿色低碳港口城市系统仿真［J］. 生态经济，2016（6）：98－102.

［6］贾鹏，马奇飞，邬桐等. 一体化运营模式下中国区域港群效率研究［J］. 科研管理，2023（4）：112－126.

［7］金一，韩增林，郭建科等. 大连港和营口港空间效应变化预测分析——基于太平湾港口建设［J］. 资源开发与市场，2016（9）：1083－1087.

［8］李南，韩国玥，常文千. 全面贯彻新发展理念建设世界一流津冀港口群［J］. 宏观经济管理，2022（6）：61－67.

［9］鲁渤，邢戬，王乾等. 港口竞争力与腹地经济协同机制面板数据分析［J］. 系统工程理论与实践，2019（4）：1079－1090.

［10］孟魁，李成标，张晨. 港口物流、产业结构与城市经济发展——基于长江经济带的实证［J］. 统计与决策，2023（23）：123－127.

［11］米晋宏，王乙成，何正. 海陆统筹对全国统一大市场的贡献机制研究——基于中国沿海港口竞争力的实证分析［J］. 上海经济研究，2024（7）：72－84.

［12］王选飞，林仲豪，梁珊. 粤港澳大湾区港城关系发展评价［J］. 统计与决策，2020（24）：184－188.

［13］吴蝶，王淑芳，孟广文. 代际港口融入"一带一路"建设的路径演变研究——以天津东疆港为例［J］. 人文地理，2024（4）：66－74.

［14］徐士伟，许鑫. 基于共生理论的天津港城协调发展研究［J］. 同济大学学报（社会科学版），2017（5）：65－72.

［15］叶士琳，王成金，蒋自然等. 福建沿海港口群内贸集装箱运输时空分异及其与地方经济的交互响应［J］. 地理科学，2023（7）：1206－1215.

［16］殷翔宇，祝合良，曲明辉. 中国沿海港口港城关系发展及对城市经济增长作用［J］. 地理科学，2022（6）：984－992.

［17］朱希伟，张琦，吴意云. 集装箱海运与港口城市发展——基于技术进步视角［J］. 浙江学刊，2023（6）：136－145.

［18］Abid N，Ikram M，Wu J Z，et al. Towards environmental sustainability：Exploring the nexus among ISO 14001，governance indicators and green economy in

Pakistan [J]. Sustainable Production and Consumption, 2021, 27: 653 –666.

[19] Bedoya – Maya F, Calatayud A. Enhanced port-city interface through infrastructure investment: evidence from Buenos Aires [J]. Maritime Economics & Logistics, 2023, 25 (2): 249 –271.

[20] Cerreta M, di Girasole E G, Poli G, et al. Operationalizing the Circular City Model for Naples' City – Port: A Hybrid Development Strategy [J]. Sustainability, 2020, 12 (7): 1 –26.

[21] Chen Z. Research on the Innovation Imbalance Between Coastal and Inland Port Cities Along the Belt and Road: Based on the Three Helix Theory [J]. Sage Open, 2021, 11 (1). DOI: 10. 1177/2158244021994589.

[22] Cong L Z, Zhang D, Wang M L, et al. The role of ports in the economic development of port cities: Panel evidence from China [J]. Transport Policy, 2020, 90: 13 –21.

[23] Dadashpoor H, Taheri E. The evolution of port-city relations in the era of technological development: case study of Bandar – Abbas County, Iran [J]. Geojournal, 2023, 88 (3): 2423 –2447.

[24] Deng Z, Xu D, Zhou Y, et al. The spatial spillover effect and its attenuation boundary of urban economy on port efficiency [J]. PloS One, 2024, 19 (6): e0304973.

[25] Dong Y Q, Li YQ, Zhang L, et al. Improved urbanization-vegetation cover coordination associated with economic level in port cities along the Maritime Silk Road [J]. Ecological Indicators, 2024, 163. https://doi. org/10. 1016/j. ecolind. 2024. 112116.

[26] Guo J K, Qin Y F, Du X F, et al. Dynamic measurements and mechanisms of coastal port-city relationships based on the DCI model: Empirical evidence from China [J]. Cities, 2020, 96. https://doi. org/10. 1016/j. cities. 2019. 102440.

[27] Hong H L, Wang B, Xue D S. Impact of Hinterland Manufacturing on the Development of Container Ports: Evidence from the Pearl River Delta, China [J]. Chinese Geographical Science, 2024, 34 (5): 886 –898.

[28] Kong Y D, Liu J G. Sustainable port cities with coupling coordination and environmental efficiency [J]. Ocean & Coastal Management, 2021, 205. https://doi. org/10. 1016/j. ocecoaman. 2021. 105534.

[29] Li J W, Li X B, Zhu R H. Effects of ports on urban economic geography: A study based on the natural experiment of decentralization reform in China [J]. Journal of Transport Geography, 2023a, 111. https://doi. org/10. 1016/j. jtrangeo. 2023. 103624.

［30］Li Z Y, Luan W X, Zhang Z C, et al. Research on the Interactive Relationship of Spatial Expansion between Estuarine and Coastal Port Cities ［J］. Land, 2023b, 12 （2）. https：//doi. org/10. 1016/j. ocecoaman. 2021. 105980.

［31］Lin B, Tang J, Dai C, et al. Spatial effect of digital economy on the coordinated development of Port cities ［J］. Research in Transportation Economics, 2024, 103. DOI：10. 1016/j. retrec. 2023. 101385.

［32］Liu J G, Kong Y D, Li S J, et al. Sustainability assessment of port cities with a hybrid model-empirical evidence from China ［J］. Sustainable Cities and Society, 2021, 75. https：//doi. org/10. 1016/j. scs. 2021. 103301.

［33］Liu S F, Tao Y, Xie N M, et al. Advance in grey system theory and applications in science and engineering ［J］. Grey Systems – Theory and Application, 2022a, 12 （4）：804 – 823.

［34］Liu W, Yang Y B, Luo Q Y, et al. Study on the Contribution of Seaport to Urban Economy：An Empirical and Quantitative Analysis of Xiamen Port ［J］. Journal of Marine Science and Engineering, 2022b, 10 （11）. DOI：10. 3390/jmse10111753.

［35］Qu Y Y, Kong Y, Li Z, et al. Pursue the coordinated development of port-city economic construction and ecological environment：A case of the eight major ports in China ［J］. Ocean & Coastal Management, 2023, 242. DOI：10. 1016/j. ocecoaman. 2023. 106694.

［36］Van den Berghe K, Louw E, Pliakis F, et al. When "port-out-city-in" becomes a strategy：is the port-city interface conflict in Amsterdam an observation or a self-fulfilling prophecy？ ［J］. Maritime Economics & Logistics, 2023, 25 （2）：330 – 350.

［37］Wang J, Mo L L, Ma Z. Evaluation of port competitiveness along China's "Belt and Road" based on the entropy – TOPSIS method ［J］. Scientific Reports, 2023, 13 （1）. DOI：10. 1038/s41598 – 023 – 42755 – 1.

［38］Wang M, Lan Y, Li H Y, et al. Spatial – Temporal Differentiation and Trend Prediction of Coupling Coordination Degree of Port Environmental Efficiency and Urban Economy：A Case Study of the Yangtze River Delta ［J］. Land, 2024, 13 （3）：1 – 19.

［39］Xiao R L, Liu S H, Wu L Z, et al. Regional classification and competitiveness of port cluster：a case study of China's coastal ports ［J］. International Journal of Logistics – Research and Applications, 2023. https：//doi. org/10. 1080/13675567. 2023. 2189693.

［40］Yildirim M S, Gökkus Ü. Dry port integrated port development with microsimulation method for solving port-city conflict: a case of Alsancak Port [J]. International Journal of Shipping and Transport Logistics, 2023, 17 (1 −2): 21 −40.

[41] Zhao D, Xu D M, Wei D. Research on Port − Industry − City Integration and its Spatial Spillover Effects: Empirical Evidence from the Bohai Sea Rim Region [J]. Applied Spatial Analysis and Policy, 2024, 17: 1653 − 1679.

Measurement and Enhancement Strategies for the High-quality Development of Port-city Interaction
—A Case Study of Weihai, Shandong

Jiang Peng   Dong Zhaohu

[**Abstract**] Port-city interaction is a crucial driver for local economic development, yet it faces numerous challenges in achieving high-quality development. This paper takes Weihai, Shandong Province as an example to construct a comprehensive evaluation index system for the high-quality development of port-city interaction, which includes six aspects: port operational efficiency, port infrastructure level, hinterland economic development, quality of residents' life, urban infrastructure level, and environmental governance level. The empirical research is conducted using the grey relational analysis method. The study finds that Weihai performs well in port operational efficiency and hinterland economic development, but still faces issues such as insufficient port-city interaction and low coordination. The results show that port development has a significant promoting effect on urban economy and infrastructure construction, and urban economic indicators have a significant positive impact on port operational efficiency and port infrastructure level. Based on these findings, suggestions for the high-quality development of port-city interaction are proposed.

[**Key Words**] port-city interaction   key factors   entropy weight method   grey relational analysis   measurement

JEL Classifications: R11, F13

山东自贸试验区建设成就、面临的挑战与提升战略路径研究

▷ 江 强 张 高* ◁

【摘　要】本文探讨了山东自贸试验区自 2019 年设立以来的建设成就、经验总结及提升战略。在制度创新、贸易便利化、金融开放等方面，山东自贸试验区通过探索多种改革措施，推动了区域经济的高质量发展，形成了可复制、可推广的改革经验。山东自贸试验区在新旧动能转换、海洋经济和中日韩高质量合作等领域取得了显著成效，逐步构建了具有全球竞争力的产业集群。面对全球经济不确定性和区域发展不均衡等挑战，本文提出山东自贸试验区需继续深化制度集成创新，推动区域协调发展、贸易便利化及金融创新，促进绿色发展和与国家战略的深度衔接，以提升其在全球供应链中的竞争力，助力中国高质量发展以及在全球化新阶段进程中的引领作用。

【关键词】山东自贸试验区　经验总结　提升战略

如今，随着世界经济格局的变迁，中国经济已然处于发展模式转型的十字路口，迫切需要高质量发展、高水平的对外开放格局。2019 年 8 月，国务院正式批复中国（山东）自由贸易试验区，这是我国深化改革开放的重要举措之一，旨在通过制度创新和开放型经济的加速推进，推动区域经济的高质量发展。山东自贸试验区不仅承担了促进产业转型升级、提升贸易投资便利化水平的任务，还被赋予了探索新型国际经贸规则衔接的重要使命（彭磊，2023）。作为全国 22 个自贸试验区之一，山东自贸试验区在新旧动能转换、海洋经济以及中日韩合作优势的基础之上，在制度创新、贸易便利化和金融开放等多个领域取得了显著成效，形成了一批可复制、可推广的改革试点

---

* 江强，山东工商学院副教授，烟台自由贸易试验区研究院副院长，通信地址：山东省烟台市莱山区滨海中路 191 号，电子邮箱：struggleqiang@163.com。张高（通讯作者），山东工商学院硕士研究生，通信地址：山东省烟台市莱山区滨海中路 191 号，邮政编码：264005，电子邮箱：zgwarren@163.com。

经验。

截至 2024 年，中国自贸试验区建设已历经 11 年有余，面临的国内外环境日益复杂。当今世界正面临着百年未有之大变局，党的二十大明确提出了实施自由贸易试验区提升战略，这为山东自贸试验区未来的发展注入了强心剂。自贸试验区提升战略不仅是深化改革任务的重要表现，也是深化开放与创新、加速融入全球经济体系、实现高质量发展的关键途径。未来，山东自贸试验区需要在提升全球产业链竞争力的同时，进一步推进贸易和投资自由化、便利化，积极构建面向全球的高标准自由贸易区网络。

自贸试验区建设的核心在于制度创新。山东自贸试验区自成立以来，通过简政放权、优化监督等举措推动区域内经济活力的释放（杜国臣等，2020；李善民，2020）。例如，山东省及各级政府的"单一窗口"应用进一步升级。全省 16 市全部实现国际贸易"单一窗口"免费申报，主要业务应用率达100%，全省累计注册企业 4.8 万多家，服务外贸企业 24 万多家，"单一窗口"业务应用率和申报量在全国名列前茅。然而，面对新一轮国际规则的调整以及国内发展需求的双重压力，必须对现有的制度创新成果进行全面梳理和评估，厘清哪些属于真正的制度创新，哪些是技术细节的创新，哪些是与国际规则的接轨，哪些是具有中国特色的原创性制度设计。山东自贸试验区的提升战略不仅要在总结经验的基础上进行差异化、特色化制度设计，还应迅速且高质量地吸收国际经贸规则，将其运用在制度创新之中，并在一定程度上为这些国际经贸规则的制定和完善提供"山东经验"，从而进一步提升中国在全球自由贸易体系中的话语权和影响力。

一、山东自贸试验区建设的成就与经验

自 2019 年 8 月设立以来，山东自贸试验区以制度创新为核心，通过探索和实施一系列改革措施，推动了区域经济的高质量发展。山东自贸试验区的制度创新不仅体现在行政审批、金融改革和贸易便利化等方面，还体现了山东省政府职能转变和对全球经贸规则的有效衔接。其建设成就为全国其他自贸试验区提供了有益的借鉴。

（一）制度创新的成就与经验

1. 制度集成创新

制度集成创新是自由贸易试验区改革的核心驱动力之一，体现了通过整合各类政策资源、制度工具来提升经济治理效率和市场活力的能力。根据新制度经济学的理论，制度创新是经济发展中的关键因素，能够通过降低交易成本、减少信息不对称等方式，提升市场效率。而制度集成创新则要求不仅在单一领域实现突破，还需要在多个政策工具间形成联动效应，最终构建高效的制度体系。例如，山东自贸试验区在市场准入、金融开放和政务服务等多个领域的制度集成创新，体现了这一理论的实践应用。首先，山东自贸试验区率先实施"证照分离"改革，降低了行政审批门槛，减少了企业设立过程中的制度性成本。通过将营业执照与经营许可证分离，企业得以在较短时间内完成市场准入，这种制度安排极大地提高了市场的活力与竞争性。其次，山东自贸试验区还推出了"一网通办"平台，将传统的线下审批流程数字化、网络化，实现了政府职能的精简与高效化。这一措施通过优化资源配置，提升了行政审批的透明度与效率，从而大幅度减少了企业的时间和管理成本。

在金融领域，山东自贸试验区通过跨境资本账户管理制度的创新，推动了资本流动的便利化。跨境金融服务的拓展，如离岸贸易融资和跨境资金池等创新工具，为企业提供了高效的融资渠道，同时降低了资本跨境流动中的交易成本，提升了区域金融资源配置的效率。这些制度创新措施通过协同效应，极大增强了自贸试验区的整体竞争力与吸引力。

2. 跨境贸易与国际投资

贸易便利化与跨境投资自由化是推动经济全球化的重要理论支柱之一，有助于减少贸易壁垒、优化监管流程以及扩大市场准入，进而提升资源配置效率（王旭阳等，2020）。根据国际贸易理论中的比较优势原理，贸易便利化不仅能够降低企业的交易成本，还可以通过缩短物流周期和提高效率，促进全球价值链的整合。同时，跨境投资自由化通过减少外资市场准入限制，可以吸引外资流入高附加值产业，推动区域经济高质量发展。山东自贸试验区在贸易便利化方面取得了显著成效，具体体现在通关流程的优化和监管创新上。例如，青岛片区实施了船舶检疫监管新模式，通过简化通关程序，将船舶的通关时间缩短至15分钟。这种流程再造有效减少了船舶滞港时间，大幅提升了国际航运和货物贸易的效率。这不仅降低了物流企业的成本，也加快了货物流转，提升了山东自贸试验区在全球贸易网络中的竞争力。

在跨境投资方面，山东自贸试验区采用了负面清单管理模式，体现了投资自由化理论的实践应用。负面清单通过列明限制和禁止的行业，简化了外资准入管理程序，扩大了外资的市场准入范围。特别是在高端制造业、医养健康和海洋经济等战略性新兴领域，山东自贸试验区的负面清单管理模式显著降低了外资进入的壁垒，吸引了大量国际资本的流入。这一管理模式的实施不仅提升了外资的投资意愿，还推动了地方产业的技术创新与升级。外资企业的进入，带来了先进的技术、管理经验及国际市场的资源，从而加快了本地企业的转型与发展。例如，在高端制造业中，外资企业通过技术合作与共享，提升了生产效率，推动了智能制造的落地应用，进一步增强了区域内的制造业竞争力。

3. 金融创新与服务升级

金融创新是推动山东自贸试验区建设的重要驱动力，其核心在于建立高效的金融体系，为区域经济发展提供有力支持。自由贸易账户（FT 账户）的推出，标志着本外币一体化金融服务的实现，显著提升了跨境贸易与投资的便捷性。该账户体系通过简化金融手续，为企业提供了高效的结算与融资渠道，促进了人民币的国际化和跨境资本的自由流动。

在这一过程中，山东自贸试验区积极推动跨境金融产品的创新，如离岸贸易融资服务和跨境资金池管理。离岸贸易融资服务为企业提供灵活的融资解决方案，满足其在国际贸易中对资金流动性的需求。这不仅降低了企业的财务风险，还提升了其在全球市场的竞争力。同时，类似于 FT 账户的跨境资金池管理为企业提供了集中和高效的资金运作方式，使其能够在跨国运营中实现资金的优化配置，进而提升资金使用效率，降低整体资金成本。

诸如此类的金融领域创新与服务，正是对市场需求的积极响应，能够有效增强金融体系对实体经济的支撑能力。此外，山东自贸试验区的金融创新为区域内产业的转型升级提供了必要的资金保障，推动了经济的高质量发展。通过这些举措，山东自贸试验区不仅提升了自身的金融服务水平，也为构建现代化经济体系奠定了坚实基础。

（二）产业升级与结构优化的成就与经验

1. 高端制造业与现代服务业的集聚

山东自贸试验区在推动产业结构优化中，重点发展高端制造业与现代服务业，形成了显著的产业集聚效应。源于经济学的集聚理论强调通过资源和知识的集中，促进技术创新和提高生产效率。集聚效应能够降低企业间的交易成本，提高信息共享的效率，进而增强区域竞争力（周艾丽等，2022）。

高端制造业的发展不仅提升了区域经济的附加值，还推动了相关服务业的崛起。现代服务业作为高端制造业的重要支撑，提供了金融、物流、第三方审计等高端服务支持，形成了良性的产业生态系统。此外，随着高端产业的集聚，人才和资本的流动也随之加速，进一步推动了创新能力的提升。例如，青岛片区依托国际航运枢纽的地位，成功吸引了跨境电商与现代物流企业。这种依托港口的集聚效应，不仅降低了企业的运营成本，还提升了货物的流转效率，进而增强了区域的物流和贸易能力。此外，现代服务业的崛起与高端制造业相辅相成，为企业提供了更为优质的配套服务，进一步推动了整体产业链的优化与整合。通过政策引导与资源配置，山东自贸试验区努力实现产业的多元化与高质量发展，为区域经济的可持续发展提供了产业保障。

2. 跨境电商与数字经济的快速发展

山东自贸试验区通过跨境电商平台建设和数字经济的快速发展，推动了传统产业的数字化转型。这一转型响应了全球数字经济的发展，表明数字技术正在重塑商业模式和市场格局。数字经济不仅优化了资源配置，还提升了生产和服务效率，推动了消费模式的变革。济南片区推动"互联网＋医养健康产业"的发展，构建了全面的服务体系。这种全流程服务模式借助数字技术优化了医疗资源配置，提升了服务效率，体现了数字化转型对传统行业的深远影响。

跨境电商的快速发展有助于打破传统贸易壁垒，实现产品和服务的全球流通。通过数字平台，企业能够更迅速地响应市场需求，并提供个性化服务，从而增强竞争力。在这一过程中，信息流动的高效性和透明度，促进了供应链的协同与整合，推动了贸易便利化。

（三）营商环境优化与区域合作的成就与经验

1. 法治化与国际化营商环境的构建

在优化营商环境方面，山东自贸试验区致力于构建法治化与国际化的营商体系，强调法律保障和国际标准的重要性。这种转型旨在提升市场透明度和信任度，从而增强外资企业的投资信心。通过在知识产权保护和商业仲裁领域取得的显著成效，山东自贸试验区为外资企业提供了更为可靠的法律保障。引入国际仲裁机制不仅为企业提供了专业且公正的纠纷解决途径，还为投资创造了稳定的法律环境，降低了投资风险，促进了外资流入。

为了进一步推动营商环境的国际化，山东自贸试验区推出了"国际人才服务中心"，实现了国际人才资格认证和服务便利化等功能。这一中心的建立，符合全球人才流动的趋势，有助于吸引高端人才并推动技术创新与知识共享。这种集聚不仅提升了区域的人才竞争力，还为企业的创新发展提供了强大的人力资源支持，从而推动了经济的高质量发展。

2. 区域合作与"一带一路"倡议对接

作为"一带一路"倡议的重要节点，山东自贸试验区积极推动与共建国家和地区的经贸合作，发挥其战略地理优势（赵忠秀等，2021）。在这一过程中，烟台片区与日韩、东南亚等国家和地区的海洋经济合作取得了显著成果，通过"陆海联动"的方式，形成了跨境物流与贸易的新生态。这种合作模式不仅优化了区域内外的资源配置，提高了货物流转的效率，还促进了区域经济的增长。同时，山东自贸试验区与海南自贸港的联动合作探索了"南北协作"的创新模式，为中国自贸试验区之间的合作提供了新路径。这一模式通过政策的对接与资源的整合，推动了区域间的互补，促进了各自区域的可持续发展。通过资源共享与优势互补，各区域不仅能提升自身的竞争力，还能为整个经济体的稳定增长注入新的活力。

山东自贸试验区通过制度创新与政策整合，成功塑造了高效的营商环境，优化了产业结构，推动了高端制造与现代服务业的集聚，促进了跨境电商与数字经济的发展。这一系列举措不仅提升了区域竞争力，还为全球价值链的整合提供了新机遇。山东自贸试验区的经验对于其他地区推动经济转型与高质量发展具有重要的借鉴意义。同时，通过与"一带一路"倡议的紧密对接，山东自贸试验区进一步拓展了国际合作的广度与深度，展示了其作为经济发展重要战略节点的潜力。

二、山东自贸试验区提升发展面临的挑战

尽管山东自由贸易试验区自设立以来取得了显著成就，但在进一步推进过程中仍面临诸多挑战。这些挑战既源于全球经济环境的变化，也有山东自身的体制与结构性问题。在新形势下，山东自贸试验区的进一步发展需要克服制度创新的瓶颈、区域协调发展不平衡、跨区域协同效应不显著以及与国家战略的契合度不足等问题。

（一）制度集成创新的瓶颈

制度创新一直是自贸试验区改革的核心，但随着山东自贸试验区运行的深入，制度创新的空间逐渐变窄，特别是在制度集成创新方面，逐步暴露出发展瓶颈。当前的制度创新多为"碎片化"成果，缺乏系统性和深度。这种局限性在于，自贸试验区内的很多创新举措仅限于局部领域和行政流程的优化，无法形成大规模的制度集成效应，导致创新措施的实际效果受限。

山东自贸试验区在制度集成创新中也受到跨部门协作不足的制约。例如，跨境资本流动、服务贸易等领域的制度创新受到国内政策框架的约束，难以在自贸试验区内实现真正意义上的突破。这种局限使自贸试验区的"试验田"功能无法得到充分发挥，特别是在全球经济规则不断演变的背景下，自贸试验区的制度创新亟须进一步深化，以增强其对接国际高标准

规则的能力。

（二）区域发展不平衡问题突出

山东自贸试验区内部各片区之间的发展不平衡问题依然存在，尤其在烟台、青岛、济南三大片区之间，发展程度和产业结构存在明显差异。青岛片区凭借港口和航运资源，吸引了大量国际资本和企业入驻，形成了较为完善的产业集群和创新生态系统。然而，烟台片区和济南片区在产业集聚效应和外资吸引力方面，相较于青岛片区仍存在一定差距。这种区域发展不平衡问题不仅削弱了自贸试验区的整体竞争力，也在一定程度上制约了山东自贸试验区的协同效应发挥。

造成区域不平衡的原因在于各片区的资源禀赋不同，基础设施建设和营商环境存在差异。青岛片区依托港口和航运，具备良好的海运和物流条件，而烟台和济南在这些方面相对弱势。此外，不同片区在吸引外资、推动产业转型等方面的政策执行力度和效果也存在差异。这种不平衡问题使山东自贸试验区在整体竞争力的提升过程中面临巨大挑战，亟须通过加强片区间的协作和资源整合来实现均衡发展。

（三）自贸试验区内外联动效应不明显

自贸试验区的核心任务之一是推动区域内外企业和产业的联动发展，以实现经济资源的高效配置。然而，目前山东自贸试验区的区内外联动效应并不显著，尤其是企业之间的协同合作较为有限。虽然在政府主导的区域合作机制上取得了一些进展，如"海铁联运"模式在烟台片区的推广，成功连接了陆地和海洋物流网络，但这种联动模式主要集中在物流和基础设施层面，企业间的跨区域产业协同发展仍显不足。

企业在跨区域合作中的参与度较低，导致资源难以充分整合，创新要素流动性不高。尤其是跨片区的产业链联动和供应链整合存在较大障碍，区域间企业在技术研发、生产制造和市场拓展等环节的合作尚未形成规模效应。此外，政府在推动企业合作和区域协同发展方面的政策支持力度不足，缺乏系统性的机制保障。这种情况限制了自贸试验区作为区域经济增长引擎的功能发挥，也对整体经济协同效应的提升构成了挑战。

（四）与国家战略契合度不足

山东自贸试验区在服务国家战略方面虽然取得了一定进展，但在推动重大国家战略落地实施过程中，仍然面临诸多挑战。自贸试验区建设的初衷之一是为国家战略提供"试验田"和平台支持，但目前山东自贸试验区在"一带一路"倡议等领域中的作用还未得到充分发挥。尽管烟台片区和青岛片区在海洋经济与跨境电商等领域取得了一些突破，但整体上，山东自贸试验区与国家战略的契合度仍有待提升。

自贸试验区的国际化水平不高是其未能充分对接国家战略的一个主要原因。山东自贸试验区虽然地处沿海，但与"一带一路"共建国家的合作仍主要集中在基础设施和贸易领域，缺乏更深层次的经济合作模式。在跨境金融、技术合作等高附加值领域，山东自贸试验区与国际市场的接轨程度有限。这不仅使自贸试验区在国际竞争中处于劣势，也削弱了其服务国家战略的功能。

此外，山东自贸试验区在推动人民币国际化和金融创新方面的步伐相对缓慢。虽然自贸试验区内的跨境金融服务有所发展，但整体金融开放程度仍不足，无法有效支持企业参与全球经济竞争。与海南自贸港相比，山东自贸试验区在金融创新领域的政策力度和支持措施相对较弱，这也影响了其在全国自贸试验区体系中的地位和作用。

（五）外部经济环境带来的不确定性

山东自贸试验区的提升发展还受到外部经济环境不确定性的影响，尤其是在全球经济复苏乏力、贸易保护主义抬头的背景下，自贸试验区在推动贸易和投资自由化方面面临较大压力。近年来，国际市场需求波动频繁，供应链中断等问题频发，给山东自贸试验区内的市场主体带来了巨大的经营挑战。

同时，全球经济格局的深刻变化也使山东自贸试验区在参与全球价值链的过程中面临不小的风险。特别是在高端制造业和科技创新领域，山东自贸试验区需要应对来自全球竞争对手的压力，而这种竞争不仅存在于价格层面，还涉及技术、标准和市场规则的竞争。自贸试验区必须在国际经济格局中寻找新的突破口，提升其在全球产业链中的地位，以应对全球经济不确定性带来的挑战。

三、山东自贸试验区建设提升战略的几个想法

山东自贸试验区自设立以来，在制度创新、贸易便利化、投资自由化等方面取得了显著成就。然而，随着全球经济环境的复杂变化及中国进入高质

量发展阶段，山东自贸试验区的发展需要进行战略性调整和提升。在当前中国"双循环"新发展格局及高水平对外开放政策背景下，山东自贸试验区应从多个维度推进改革创新，提升其在全国自贸试验区体系中的核心竞争力，并更好地服务国家战略。

（一）深化制度集成创新，推动市场化与国际化进程

制度创新是自贸试验区建设的核心要素，也是提升竞争力的关键所在。未来，山东自贸试验区需要在制度集成创新上进一步突破，形成系统化的改革方案，以推动市场化和国际化的深度融合。要从单一领域的创新向跨领域的系统创新转变，尤其是在市场准入、投资管理、贸易便利化和金融服务等方面，进一步优化现有制度，推动市场机制与国际规则的接轨。

通过深化制度集成创新，山东自贸试验区可以大幅度减少市场准入障碍，提升外资企业的运营便利性，并为国内企业参与国际市场提供制度支持。这不仅能降低交易成本，增强市场活力，还能为吸引更多高质量外资打下基础。在推动国际化的同时，山东自贸试验区也要进一步加强国内市场的联动，充分发挥市场机制在资源配置中的决定性作用。

（二）加强区域协调发展，提升区域协同效应

区域协调发展是提升山东自贸试验区整体竞争力的重要路径。尽管山东自贸试验区的各片区具备各自的优势，但区域间的发展差距和产业布局不均衡问题仍然存在。未来，山东自贸试验区需要通过进一步加强区域协调，推动片区间资源整合和优势互补，形成高效的区域协同效应。

提升区域协同效应的核心在于促进区域内外的产业联动与合作，加强片区间的技术、人才和资金流动。通过区域协调发展，山东自贸试验区可以优化产业链布局，形成更具竞争力的区域经济格局。同时，还应通过政策引导，推动产业转型升级和创新驱动发展，以应对全球经济变化带来的挑战。区域协同发展不仅有助于提升山东自贸试验区的综合实力，还能带动整个山东省的经济发展，实现区域内各片区的共同繁荣。

（三）提升贸易便利化水平，优化全球供应链

全球贸易格局的不确定性给自贸试验区的贸易发展带来了挑战，因此，提升贸易便利化水平成为增强山东自贸试验区竞争力的关键。未来，山东自贸试验区需要进一步优化通关流程、简化海关监管机制，并加强与国际贸易

规则的接轨，推动跨境贸易的高效运作。

在供应链优化方面，山东自贸试验区应当主动适应全球供应链的变化，通过创新物流模式、完善基础设施，提升对全球供应链的适应能力。同时，通过贸易政策的调整和优化，增强自贸试验区在国际贸易中的地位和作用。自贸试验区的供应链优化不仅能提升区域内企业的竞争力，还能为全球企业提供更加高效的服务，进一步推动山东自贸试验区融入国际市场。

（四）推动金融创新，支持跨境资本流动与人民币国际化

金融创新是提升自贸试验区国际化水平的重要抓手，也是支持跨境资本流动和推动人民币国际化的核心。未来，山东自贸试验区应在金融服务方面加大创新力度，探索本外币一体化管理模式，提供更加便捷的跨境金融服务，推动人民币在国际贸易和投资中的使用。

金融创新不仅要服务于跨境资本流动，还应支持区域内的实体经济发展。山东自贸试验区应进一步完善金融基础设施，提升资本流动的效率，降低企业融资成本。同时，通过人民币国际化的推动，增强山东自贸试验区在全球金融市场中的地位。未来的金融创新要兼顾风险防控与服务实体经济的双重目标，确保自贸试验区在提升金融服务水平的同时，维持金融系统的稳定。

（五）促进绿色发展，实现可持续经济增长

绿色发展是中国经济转型的重要方向，也是山东自贸试验区未来提升的关键路径之一。在全球气候变化和环保压力增大的背景下，山东自贸试验区需要将绿色发展理念融入经济发展战略中，推动低碳经济、循环经济和绿色金融的发展，实现可持续的经济增长。

未来，山东自贸试验区应加强绿色技术的应用，推动清洁能源、环保技术的广泛使用，提升区域内企业的绿色竞争力。同时，自贸试验区应通过政策支持和市场机制，鼓励企业进行绿色转型，减少碳排放，推动经济增长与环境保护的平衡发展。通过促进绿色发展，山东自贸试验区不仅能在国际竞争中占据先机，还能为全国其他地区的绿色转型提供示范。

（六）强化与国家战略的衔接，推动更高层次的对外开放

山东自贸试验区的发展必须紧密围绕"一带一路"倡议、"双循环"新发展格局等。自贸试验区作为对外开放的前沿，应主动承担国家战略的

"试验田"功能，在提升国际竞争力的同时，服务于国家对外开放的整体布局。

未来，山东自贸试验区应加强与国家重点战略区域的协同发展，推动与"一带一路"共建国家的深度合作，特别是在基础设施、能源、海洋经济等领域发挥更大作用。同时，自贸试验区应积极探索与其他自贸试验区的联动机制，推动形成全国范围内的自贸试验区合作网络，提升山东自贸试验区在全国经济发展中的战略地位。

通过紧密对接国家战略，山东自贸试验区不仅能够为国家经济发展做出更大贡献，还能在全球化进程中实现更高层次的开放与合作，提升其在国际经济舞台上的影响力。

四、总　　结

自 2019 年以来，山东自贸试验区在制度创新、贸易便利化、金融服务优化等方面不断探索，积累了宝贵经验，成为中国深化改革开放的重要窗口。通过积极推进政府职能转变、优化营商环境，山东自贸试验区不仅推动了高端制造、海洋经济和跨境电商等重点产业的发展，还为中国的高质量经济增长奠定了坚实基础。这些成就不仅展现了中国坚持改革开放的决心，也为其他发展中国家提供了可借鉴的"中国方案"。

在当前中国"双循环"新发展格局下，山东自贸试验区的发展更为重要。它需要继续强化与国际市场的对接，尤其在"一带一路"倡议框架内，推动更高水平的开放。山东自贸试验区可以通过深化与共建国家的合作，在跨境金融、贸易物流等领域继续探索，提升在全球供应链中的竞争力。

尽管面对区域发展不均衡和全球经济不确定性的挑战，山东自贸试验区的发展方向仍清晰可见。它将继续通过制度创新，在吸收全球先进经验的同时，结合山东的产业与区位实际发展现状，制定具有前瞻性的开放政策。进而积极对接国家战略，进一步巩固其在国家战略中的重要地位。

参考文献

[1] 杜国臣，徐哲潇，尹政平. 我国自贸试验区建设的总体态势及未来重点发展方向 [J]. 经济纵横，2020（2）：73 - 80.

[2] 李善民. 中国自贸区的发展历程及改革成就 [J]. 人民论坛，2020（27）：10 - 15.

[3] 彭磊. 我国自贸试验区建设成就、经验与提升战略 [J]. 国际贸易，2023（9）：13 - 20.

［4］王旭阳，肖金成，张燕燕. 我国自贸试验区发展态势、制约因素与未来展望［J］. 改革，2020（3）：126 – 139.

［5］赵忠秀，胡旭东，刘鲁浩. 我国自贸试验区建设中的地方特色特征研究［J］. 国际贸易，2021（1）：4 – 9.

［6］周艾丽，康振男，田翠. 山东自贸试验区发展现状、问题及对策研究［J］. 对外经贸，2022（5）：17 – 20.

Research on the Achievements, Challenges, and Strategic Pathways for Enhancing the Shandong Pilot Free Trade Zone

Jiang Qiang Zhang Gao

[**Abstract**] This paper explores the achievements, experience summary, and enhancement strategies of the Shandong Pilot Free Trade Zone since its establishment in 2019. In areas such as institutional innovation, trade facilitation, and financial openness, the Shandong Pilot Free Trade Zone has implemented various reform measures to promote high-quality regional economic development, and gained replicable and scalable reform experiences. Significant progress has been made in fields like the transformation of old and new growth drivers, the marine economy, and high-quality cooperation between China, Japan, and South Korea, gradually building industrial clusters with global competitiveness. In response to challenges such as global economic uncertainties and regional development imbalances, this paper suggests that the Shandong Pilot Free Trade Zone should continue deepening institutional integration and innovation, promoting regional coordinated development, trade facilitation, and financial innovation, fostering green development, and aligning closely with national strategies. These efforts aim to enhance its competitiveness in the global supply chain, contribute to China's high-quality development, and play a leading role in the new phase of globalization.

[**Key Words**] Shandong Pilot Free Trade Zone summary of experience strategic enhancements

JEL Classifications: F114

自贸区绿色进出口运输体系的构建机制与政策研究

▶ 刘　沛　饶子琛*　◀

【摘　要】自贸区的快速发展、产业聚集与转型升级带动自贸区相关的货物进出口量不断增长，但同时也造成大量的货物进出口运输碳排放。构建自贸区绿色进出口运输体系，对港口绿色发展与我国"双碳"目标实现均有重要意义。本文构建了一种系统动力学模型，融合多种经济发展情景，分析多种低碳运输政策对自贸区集装箱进出口运输碳排放的长期影响。将模型应用于中国（山东）自由贸易试验区青岛片区，研究结果显示：由于高新技术、高附加值产业的增长，青岛自贸片区集装箱进出口运输需求将加速增长，但进出口运输产生的碳排放增长更快。不同的低碳运输政策产生的碳减排效果不同，综合考虑政策的碳减排效果与经济性，按实施优先级，构建自贸区绿色进出口运输体系的政策建议如下：首先，应加强自贸区与港口、地方政府、公路和铁路运输管理部门之间的协作；其次，应加强集装箱铁路运输基础设施建设；最后，应考虑加强集装箱公路基础设施建设。

【关键词】自贸区　运输　绿色　政策

一、引　言

自贸区的建设与发展对推进我国经济高质量发展具有重要作用。面临新的国际形势，应通过自贸区高水平开放与新兴产业培育，带动区域产业结构调整与经济高质量发展（张幼文，2016）。自贸区的设立能够促进港口与贸

* 刘沛，山东大学商学院副研究员、博士生导师，通信地址：山东省威海市文化西路180号山东大学商学院，电子邮箱：liupei@ sdu. edu. cn。饶子琛（通讯作者），山东大学商学院研究生，通信地址：山东省威海市文化西路180号山东大学商学院，邮政编码：264209，电子邮箱：zichen_rao @ mail. sdu. edu. cn。

易的同步发展。自贸区运营涉及大量货物的进出口，可以为港口发展提供更多的业务来源与发展动力（张晗，2016）；同时，港口业务的扩大可以推动基础设施建设与服务改进，从而为自贸区运营提供更好的进出口运输服务。

另外，我国"双碳"战略的实施对自贸区进出口运输产生的碳排放提出了更高的约束。自贸区相关产业是港口货物吞吐的重要来源。例如，中国（山东）自由贸易试验区青岛片区（以下简称"青岛自贸片区"）2020 年港口吞吐量 3.27 亿吨，占青岛港吞吐量的一半以上；集装箱吞吐量 2 069 万标准箱，占青岛港集装箱吞吐量的 94.1%。自贸区大量货物通过公路、铁路等方式的集港与疏港运输（以下简称"集疏运"）产生大量能源消耗与碳排放。2024 年 5 月，习近平总书记视察山东港口，提出我国港口智慧化、绿色化的发展建设目标。因此，构建自贸区绿色进出口运输体系，成为实现港口绿色发展与我国"双碳"目标的重要一环。

学界围绕自贸区及其货物进出口与港口物流开展了深入研究。2013 年，上海自由贸易试验区正式设立，成为中国第一个区域性自贸区（裴长洪，2013）。研究表明，上海自贸区的成立显著提升了工业增加值和进出口总额（谭娜等，2015）。在物流领域，研究已经证实，港口吞吐量与出口贸易之间存在显著的正相关关系，强调了港口建设对于推动区域经济发展的重要性（Jiang et al.，2023）。也有学者借鉴韩国釜山港的经验，指出上海自贸区中转服务面临的挑战，并建议通过监管创新提升国际竞争力（陈继红和朴南奎，2016）。对长三角、广东与厦门自贸区的研究也发现，港口环境效率对经济高质量发展有重要作用（Lin et al.，2024），外贸可以积极推动港口物流行业增长与地区服务行业结构升级（温兆琦，2016；Guan et al.，2023）。但也有研究指出，自贸区对邻近城市出口的影响呈现出积极与消极的双重效应（Cen and Wang，2024）。部分学者通过合成控制法分析了多个自贸区的经济效益，发现其对经济指标产生了不同程度的正向影响（刘秉镰和吕程，2018），并且自贸区的设立可以显著促进创新水平的提高（刘秉镰和王钺，2018）。在境外自贸区的研究中，学者们针对韩国和日本和中国台湾地区的全球物流枢纽港竞争力进行了评估（Yang and Chen，2016）。中国香港地区向全球供应链管理中心的转型过程也展示了自贸区物流行业在发展过程中所面临的挑战（Wang and Cheng，2010）。迪拜的案例研究则揭示了自由港对地区经济增长的推动作用（Akhavan，2017）。

现有研究主要关注自贸区建设的经济影响，即对区域经济、港口及港口城市发展的影响，围绕自贸区相关的碳排放测算与减排政策的研究仍然较少。本文提出了一种系统动力学模型，用于测算自贸区货物进出口运输产生的碳排放，分析多种经济情景与低碳运输政策对自贸区货物进出口运输碳排放的影响，从而提出有效的碳减排策略。本文第二部分解释了模型的具体结构，

第三部分以青岛自贸片区为例，量化了该自贸片区货物进出口运输碳排放及其政策影响，第四部分提出了构建自贸区绿色进出口运输体系的政策建议。

二、自贸区进出口运输系统及碳排放模型

本文所研究的自贸区进出口运输系统包括自贸区与港口之间以及自贸区与内陆腹地之间的货物运输。自贸区进出口运输具有综合运输系统的基本特性，因此依据货物运输四阶段理论（Black，1990），将自贸区进出口运输系统划分为四个部分：自贸区进出口运输需求、运输方式、运输基础设施，以及运输交通流。根据自贸区产业的特点，货物种类主要考虑集装箱，运输方式主要包括公路、铁路和内陆水运（侯剑，2010）。在一定经济里程范围内，各运输方式之间存在竞争。同时，运输基础设施影响不同运输方式的服务水平，结合各运输方式自身的经济性，共同影响各运输方式的分担率。

由于自贸区进出口运输系统各组成部分之间存在交互关联，因此采用系统动力学方法进行建模分析。系统四部分对应模型的四个子系统，交互关系如图1所示。首先，估计自贸区进出口运输总需求；其次，根据运输方式子系统计算各运输方式分担率，得到各运输方式货流量；再次，将其转换为自贸区进出口运输交通流，并根据基础设施能力计算运输时间，对下一时段的运输分担率产生反馈影响；最后，根据运输交通流和碳排放因子，得到自贸区进出口运输碳排放总量。

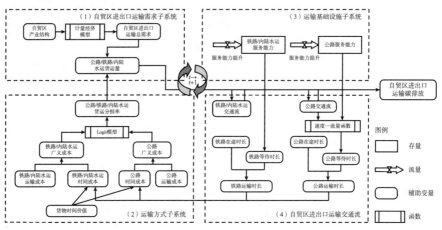

图1　自贸区进出口运输及碳排放系统动力学模型

首先，采用计量经济学模型，估计自贸区进出口运输总需求。自回归分布滞后模型（autoregressive distributed lag，ARDL）在运输需求估计方面具备

较高精度（Dufour and Kiviet, 1998），计算公式见式（1）：

$$L(F_t) = \sum_{n=1}^{N} \beta_n L(F_{t-n}) + \sum_{m=1}^{M} \alpha_m L(e_{t-m}) + \varepsilon \tag{1}$$

其中，F_t 为自贸区进出口运输总需求，L 表示取自然对数。F_{t-n} 为自贸区产业结构与体量的经济指标。β_n、α_m 为 ARDL 系数，M、N 为 F_t 和 e_t 的最大滞后期。ε_t 为残差项。

其次，根据自贸区进出口运输总需求，结合不同运输方式分担率，得到自贸区进出口运输中各运输方式的货运量，计算公式见式（2）：

$$\begin{cases} f_{H,t} = F_t \times r_{H,t} \\ f_{R,t} = \min(F_t \times r_{R,t}, q_{R,t}) \\ f_{W,t} = \min(F_t \times r_{W,t}, q_{W,t}) \end{cases} \tag{2}$$

其中，运输方式 K =（H，R，W），分别代表公路、铁路和内陆水运。$r_{H,t}$、$r_{R,t}$ 和 $r_{W,t}$ 分别为 3 种运输方式的分担率。铁路运输和内陆水运货运量同时受运输能力（$q_{R,t}$、$q_{W,t}$）影响，即计划运量不能超过运输能力。

不同运输方式的分担率采用经典 Logit 模型（Yáñez et al., 2010）计算，见式（3）：

$$r_{k,t} = \frac{e^{\alpha \times g_{k,t-1}}}{\sum_{k \in K} e^{\alpha \times g_{k,t-1}}} \tag{3}$$

其中，$g_{k,t-1}$ 为广义运输成本，包括运输运营成本和时间成本。为鼓励多式联运等高效运输方式，我国多数港口实行多式联运补贴政策。时间成本取决于货物价值。

最后，综合各集疏运方式货流量和碳排放因子，计算系统碳排放。

$$CO2_t = \sum_{k \in K} f_{k,t} \times m_k \times E_k \tag{4}$$

其中，$E_k(k \in K)$ 是各集疏运方式碳排放因子，$m_k(k \in K)$ 是各集疏运方式平均运输里程。

三、实证案例与参数设置

本文以青岛自贸片区为例说明方法的应用。2019 年 8 月，国务院批准设立中国（山东）自由贸易试验区。青岛自贸片区地处黄海之滨，东临日韩，辐射东北亚，拥有得天独厚的地理位置优势。青岛自贸片区占地 52 平方公里，占山东自贸试验区实施范围的 43.3%，是山东自贸试验区面积最大、试点任务最集中的片区。全部位于国家新区青岛西海岸新区范围内，对外开放度高、外向型经济活跃。片区重点发展现代海洋、国际贸易、航运物流、现代金融、先进制造等产业。青岛自贸片区是青岛港重要的货源地与目的地。

根据统计，2020 年和 2022 年，青岛自贸片区在青岛港的集装箱吞吐量分别为 2 069 万和 2 300 万标准箱，占青岛港集装箱总吞吐量的 94.1% 和 89.5%。

根据统计数据，估计得到青岛自贸片区经青岛港的集装箱进出口运输总需求模型为 ARDL（1，2），如式（5）所示：

$$L(F_t) = 1.82L(F_{t-1}) + 0.61L(i_t) - 0.27L(i_{t-1}) + 0.12L(i_{t-2}) - 0.54 \tag{5}$$

其中，F_t 表示集装箱进出口运输总需求，i_t 表示进出口额。模型通过了 Breusch – Godfrey 自相关检验和边界检验等关键的计量经济学检验。

为分析青岛自贸片区进出口运输碳排放的长期趋势，依据《山东省新旧动能转换重大工程实施规划》《国务院关于支持山东深化新旧动能转换推动绿色低碳高质量发展的意见》《山东省"十四五"战略性新兴产业发展规划》《青岛港总体规划（2035 年）》等文件，本文将模型仿真年份设定为 2000 ~ 2035 年。作为山东省经济结构改革的桥头堡，青岛自贸片区的产业结构在未来将不断优化，高新技术、高附加值产业将持续增加。

为分析山东省新旧动能转换和产业结构优化对青岛自贸片区进出口运输量和碳排放的影响，并探索何种低碳运输政策能有效减少青岛自贸片区进出口运输碳排放，设置以下情景进行对比分析，如表 1 所示。

表 1　　　　　　　　　　青岛自贸片区经济情景设置

情景名称	情景设置	模型参数设置
基准情景	基准情景假设未来没有新旧动能转换，即假设未来延续过去的经济发展趋势	按照过去十年的趋势，i_t 未来的增长率将每年下降 6.3%
经济结构调整优化	在新旧动能转换情景下，山东省政府鼓励高附加值产业，减少金属产业的生产能力。该情景假设设定的产业计划目标在未来能够实现	根据山东省政府发布的产业规划，到 2028 年，i_t 的年增长率定为 5.7%，并假设这一年度变化率将持续到 2035 年

四、自贸区绿色进出口运输体系的政策影响分析

模型推演对比了基准情景和经济结构调整优化情景下的青岛自贸片区集装箱进出口总运输量，如图 2 所示。

结果显示，在基准情景下，由于山东省缺少经济发展新动能，未来集装箱吞吐量增长率将持续放缓。而在经济结构调整优化情景下，由于高新技术、高附加值产业的增长，青岛自贸片区集装箱进出口运输需求呈加速上升趋势。因此，在此趋势下，地方政府与港口部门应做好运输基础设施建设以更好地服务区域产业发展，同时尽可能减少集装箱进出口运输碳排放。

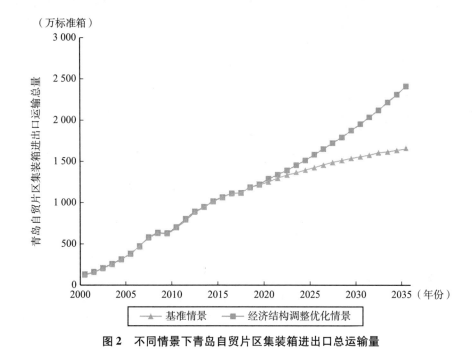

图 2　不同情景下青岛自贸片区集装箱进出口总运输量

不同经济情景下的青岛自贸片区集装箱进出口运输碳排放，如图 3 所示。

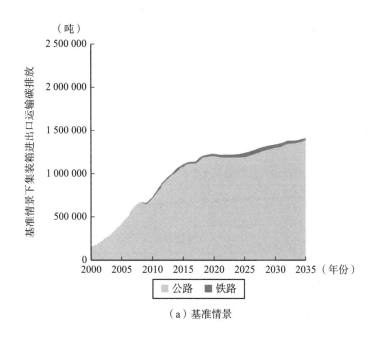

（a）基准情景

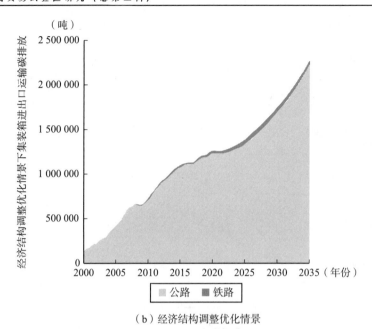

（b）经济结构调整优化情景

图3 不同情景下青岛自贸片区集装箱进出口运输碳排放

图3（a）显示了基准情景下青岛自贸片区集装箱进出口运输碳排放，可以看出，碳排放趋势与该情景下集装箱进出口总运输量基本一致。与之相比，图3（b）显示了经济结构调整优化情景下青岛自贸片区集装箱进出口运输碳排放，可以看出，该情景下碳排放的增长率显著高于集装箱进出口总运输量增长率。这表明未来集装箱进出口总运输量的增长将超过运输基础设施服务能力，从而导致拥堵并产生额外的碳排放。另外，图3显示两种经济情景下的碳排放主要来自公路，这是因为公路运输碳排放因子显著高于铁路，而公路分担率过高。在未来经济结构调整优化背景下，应对激增的集装箱进出口运输碳排放的关键措施是加强运输基础设施建设与运输各主体间的组织协作。我们设置多种低碳运输政策情景，如表2所示。

表2　　　　青岛自贸片区集装箱进出口低碳运输政策情景设置

情景名称	情景设置	模型参数设置
公路设施建设	该情景下，一些道路将被延长，一些将被新建，以提高集装箱道路的运输能力	集装箱公路的运输能力在现有基础上增加50%
铁路服务水平提升	该情景下，自贸区、港口、地方政府、中国铁路总公司和其他利益相关者合作，加强基础设施建设，并为集装箱分配更多车皮，减少集装箱铁路等待时间	集装箱铁路运输能力在现有基础上提升50%，同时集装箱铁路等待时间减少50%

分析不同低碳运输政策对青岛自贸片区集装箱进出口运输碳排放的影响，结果如图4所示。

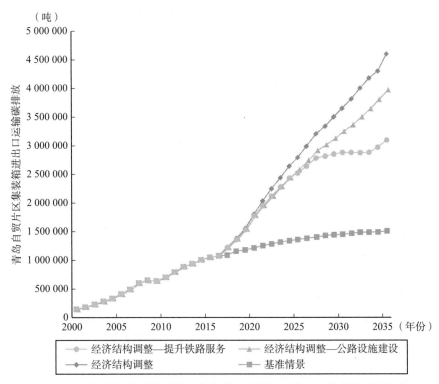

图4 不同低碳运输政策对青岛自贸片区集装箱进出口运输碳排放的影响

图4显示，在山东省新旧动能转换背景下，随着经济结构不断调整优化，不论哪种低碳运输政策都无法使青岛自贸片区集装箱进出口运输碳排放低于基准情景。这主要是因为集装箱运输总需求不断增加，且集装箱铁路分担率低，绝大多数集装箱通过公路运输。因此，通过公路基础设施建设，提升公路运输能力，有助于减少货物运输拥堵、加快货物运输速度，从而减少运输碳排放。但是公路基础设施建设方案仍无法有效实现集装箱进出口运输的"公转铁"，因此碳减排效率有限。

由于集装箱车皮的可用性取决于铁路运输系统统一调度，因此导致较长的等待时间。集装箱的货物价值高，运输时效性要求高，而集装箱铁路车皮调度需要港口、地方政府、中国铁路总公司的合作，因此，为了促进集装箱的铁路运输，需要加强铁路运输组织协作。图4显示，如果能够达成集装箱铁路运输的组织间协作，提高铁路服务水平，缩短集装箱铁路调度时间，则能显著提高集装箱铁路分担率。分担率的提升使集装箱铁路计划量增加，在此基础上，随着铁路运力的增加，集装箱铁路实际运输量实现大幅提升，该方案比其他低碳运输政策具有更高的减排潜力。

五、结论与政策建议

（一）结论

自贸区运营涉及大量货物的进出口，在为港口发展提供更多的业务来源与发展动力的同时，也产生了大量的货物进出口运输碳排放。尤其是随着我国经济结构不断转型，高新技术、高附加值产业比重不断增加，自贸区的集装箱运输需求将不断增长。因此，需要自贸区、港口、地方政府以及公路和铁路运输管理部门密切协作，在保障自贸区进出口货物运输的基础上，出台合理的低碳运输政策，减少自贸区集装箱进出口运输碳排放。本文构建了一种系统动力学模型，融合多种经济发展情景，分析多种低碳运输政策对自贸区集装箱进出口运输碳排放的长期影响。本文将模型应用于中国（山东）自由贸易试验区青岛片区，主要发现与结论如下。

首先，经济结构调整优化情景下，由于高新技术、高附加值产业的增长，青岛自贸片区集装箱进出口运输需求呈加速上升趋势。该片区集装箱进出口运输碳排放的增长率显著高于集装箱进出口总运输量增长率，表明未来集装箱进出口总运输量的增长将超过运输基础设施的服务能力，从而导致拥堵以及额外的碳排放。

其次，通过公路基础设施建设，提升公路运输能力，有助于减少货物运输拥堵、加快货物运输速度，从而减少运输碳排放，但该方案碳减排效果有限。通过加强集装箱铁路运输的组织间协作，提高铁路服务水平，减少集装箱铁路调度时间，则能显著提高集装箱铁路分担率，碳减排效果更好。

（二）政策建议

上述分析表明，可见不同的低碳运输方案均能在不同程度上降低集装箱进出口运输碳排放。但是，由于基础设施建设投资大，地方政府不可能同时实施上述全部方案，因此需要综合考虑建设投资和碳减排效果，确定不同政策方案实施的优先级。按优先级由高到低，构建自贸区绿色进出口运输体系的政策建议如下。

首先，应加强自贸区与港口、地方政府、公路和铁路运输管理部门之间的协作。集装箱运输"公转铁"是减少运输碳排放的有效途径，而限于铁路运输的统一调度与车皮分配，较长的铁路等待时间是导致铁路运输分担率低的主要原因。通过加强铁路运输组织间协作则能有效缩短铁路等待时间，这是减少自贸区集装箱进出口运输碳排放最经济的方案。

其次，应加强集装箱铁路运输基础设施建设。限制自贸区集装箱铁路运输份额的另一个重要原因是运输能力不足。即如果铁路运输能力有限，即使货主有较高的铁路运输意愿，也无法实现铁路运输。因此，应在加强铁路运输组织协作的基础上，通过铁路设施建设提升铁路运输能力，从而提高铁路实际运量。

最后，应考虑加强集装箱公路基础设施建设。通过公路基础设施建设，提升公路运输能力，减少集装箱运输拥堵，提高运输速度，从而在减少运输碳排放的同时，更好地服务自贸区企业的运营与产业发展。

参考文献

[1] 陈继红，朴南奎. 上海自贸区国际集装箱物流中转服务策略——基于韩国釜山港经验 [J]. 中国流通经济，2016 (7)：25 – 32.

[2] 侯剑. 基于系统动力学的港口经济可持续发展 [J]. 系统工程理论与实践，2010 (1)：56 – 61.

[3] 刘秉镰，吕程. 自贸区对地区经济影响的差异性分析——基于合成控制法的比较研究 [J]. 国际贸易问题，2018 (3)：51 – 66.

[4] 刘秉镰，王钺. 自贸区对区域创新能力的影响效应研究——来自上海自由贸易试验区准实验的证据 [J]. 经济与管理研究，2018 (9)：65 – 74.

[5] 裴长洪. 全球治理视野的新一轮开放尺度：自上海自贸区观察 [J]. 改革，2013 (12)：30 – 40.

[6] 谭娜，周先波，林建浩. 上海自贸区的经济增长效应研究——基于面板数据下的反事实分析方法 [J]. 国际贸易问题，2015 (10)：14 – 24.

[7] 温兆琦. 自贸区视角下厦门外贸对港口物流的影响及对策 [J]. 宏观经济管理，2016 (7)：78 – 82.

[8] 张晗. 天津自贸区对河北港口与腹地产业协同发展的影响 [J]. 经济研究参考，2016 (33)：19 – 22.

[9] 张幼文. 自贸区试验的战略内涵与理论意义 [J]. 世界经济研究，2016 (7)：3 – 12.

[10] Akhavan M. Development dynamics of port-cities interface in the Arab Middle Eastern world – The case of Dubai global hub port-city [J]. Cities, 2017, 60：343 – 352.

[11] Black A. The Chicago Area Transportation Study：A Case Study of Rational Planning [J]. Journal of Planning Education and Research, 1990, 10 (1)：

27 – 37.

［12］Cen C, Wang P. Platform advantages or "policy trap" for neighbor cities? Export effects of establishing free trade zone: Evidence from China ［J］. International Review of Economics & Finance, 2024: 103634.

［13］Dufour J M, Kiviet J F. Exact Inference Methods for First – Order Autoregressive Distributed Lag Models. Econometrica, 1998, 66（1）: 79 – 104.

［14］Guan C, Huang J, Jiang R, et al. The impact of pilot free trade zone on service industry structure upgrading ［J］. Economic Analysis and Policy, 2023, 78: 472 – 491.

［15］Jiang M, Zhao S, Jia P. The spatial spillover effect of seaport capacity on export trade: Evidence from China pilot free trade zones ［J］. Ocean & Coastal Management, 2023, 245: 106879.

［16］Lin X, Jing X, Cheng F, et al. Exploration of port environmental efficiency measurement and influential factors in the Yangtze River Delta Pilot Free Trade Zone ［J］. Marine Pollution Bulletin, 2024, 206: 116766.

［17］Wang JJ, Cheng M C. From a hub port city to a global supply chain management center: A case study of Hong Kong ［J］. Journal of Transport Geography, 2010, 18（1）: 104 – 115.

［18］Yáñez M F, Raveau S, Ortúzar J de D. Inclusion of latent variables in Mixed Logit models: Modelling and forecasting. Transportation Research Part A: Policy and Practice, 2010, 44（9）: 744 – 753.

［19］Yang Y C, Chen S L. Determinants of global logistics hub ports: Comparison of the port development policies of Taiwan, Korea, and Japan ［J］. Transport Policy, 2016, 45: 179 – 189.

Mechanisms and Policies for Constructing a Green Import and Export Transportation System in Free Trade Zones

Liu Pei   Rao Zichen

[**Abstract**] The rapid development of free trade zones as well as industrial agglomeration and transformation has led to a continuous increase in the volume of imported and exported goods. However, this has also resulted in significant carbon emissions from transportation. Constructing a green import and export transportation system in free trade zones is crucial for the green development of ports and the achievement of China's carbon peaking and neutrality goals. This paper develops a system dynamics model that integrates various economic development scenarios. The model analyzes the long-term impact of multiple low-carbon transportation policies on carbon emissions from container import and export transportation in free trade zones. The model is applied to the Qingdao area of the China (Shandong) Pilot Free Trade Zone. The research findings indicate that due to the growth of high-tech and high-value-added industries, the demand for container import and export transportation in the Qingdao free trade area will increase. However, the growth rate of carbon emissions from import and export transportation will be even higher. Different low-carbon transportation policies generate varying effects on carbon reduction. Considering both the carbon reduction effects and economic feasibility of policies, the following policies are recommended and are prioritized by implementation. First, enhancing cooperation between the free trade zone and ports, local governments, and management departments of road and rail transportation. Second, strengthening the construction of container rail transportation infrastructures. Third, enhancing container road infrastructure construction.

[**Key Words**] free trade zone   transportation   green   policy

JEL Classifications: F18

论新质生产力与中国自由贸易试验区创新的研究

▶ 沈 君 谷 羽* ◀

【摘　要】新质生产力是根植于数字化、信息化和智能化的基础上，强调科学技术创新、产业联动、协同共享、绿色环保、开放合作和持续发展的一种更为先进和高效的生产力。中国自由贸易试验区是以贸易自由化、便利化为主要目的的多功能经济性特区，扎根于全球经济的沃土，在时代的洪流之中孕育而生。新质生产力和传统生产力有着质的区别，对中国自由贸易试验区和中国式现代化进程的发展具有重要意义。为培育和发展新质生产力，我们需要全面深化改革，培养复合型人才，构建"社—创学研—新—产—国"的全新研究模式，遵循国家重大战略部署，营造创新氛围，推动中国自由贸易试验区的发展与生产力的持续创新融于一体，实现中国式现代化的繁荣发展。

【关键词】新质生产力　中国式现代化　中国自由贸易试验区　科学技术革命

一、引　言

2023 年 9 月，习近平总书记在黑龙江省调研考察时首次提出"新质生产力"的概念①。目前，世界各国为应对经济社会发展中的诸多挑战正在积极寻求有效途径，以确保在时代浪潮中保持竞争优势。随着第四次科学技术革

---

* 沈君，山东大学商学院副教授，通信地址：山东省威海市文化西路 180 号，电子邮箱：sdshj5018@ sdu. edu. cn。谷羽（通讯作者），山东大学商学院本科生，通信地址：山东省威海市文化西路 180 号山东大学商学院，邮政编码：264209，电子邮箱：202000620192@ mail. sdu. edu. cn。
① 习近平总书记首次提到"新质生产力"，新华社，https：//news. cnr. cn/native/gd/sz/20230912/t20230912_526416651. shtml.

命的兴起，全球迅速迈向信息化和智能化，高新技术产业领域也正在经历深刻变革。在实现中国式现代化的征途中，我们面临着经济社会发展动能不足、产业升级迫在眉睫、全面深化改革遇到阻力和瓶颈等问题，新质生产力为应对和解决这些问题提供了独特的方案。这一方案是在新的时代背景下结合中国的实际情况提出的创新思路。新质生产力在很大程度上取决于创新，包括科学技术创新和商业模式创新等。只有激发创新活力，才能实现从"中国制造"到"中国创造"的华丽转身，提升自主创新能力，有效发展我国的战略性新兴产业和未来产业，为我国在未来世界技术变革中保持国际领先地位提供强大支撑。新质生产力不仅能增强我国在关键领域和核心技术上的创新突破能力和自信心，更对我国自由贸易试验区的壮大崛起和长期发展具有深远的战略意义。

在这个充满挑战和机遇的时代，我们需要从全新的角度审视生产力的本质（周延云和李琪，2006）。传统上，生产力被理解为单一维度的指标，主要关注产出与资源利用之间的效率。然而，新质生产力的概念并不局限于数量的提升，更着眼于质的变革。新质生产力意味着在技术、人才、社会关系等多个层面创造更加可持续、更加智能化、协同性更强的生产方式，以适应日益复杂和多元化的市场需求。我国自 2013 年起已经设立了包括中国（上海）自由贸易试验区、中国（广东）自由贸易试验区、中国（天津）自由贸易试验区、中国（福建）自由贸易试验区等在内的 21 个自由贸易试验区和海南自由贸易港，通过在特定区域内实施更加灵活的经济政策，如降低关税、简化海关程序、放宽外资准入以及提供政策支持等，促进贸易和投资。中国自由贸易试验区的设立为我国在推动经济结构调整、创新发展以及扩大对外开放等方面提供了经验和示范。

在当今全球科学技术竞争激烈的背景下，一个国家、一个民族必须保持持续创新与发展生产力的积极性，始终以开放包容的态度接纳世界，积极开放走向世界，以提升生产效率为目标，以革新前沿技术为方向，才能在全球舞台上取得更富有竞争力的国际地位和国际影响力，实现经济社会的可持续向好发展。新质生产力作为时代的重要产物，承载着中国式现代化发展的期许，中国自由贸易试验区作为以贸易自由化、便利化为主要目的的多功能经济性特区，是未来中国经济对外开放发展的主推手，二者的结合对于中国未来经济的创新与发展具有极高的价值。

二、新质生产力的基本内涵

新质生产力的内涵丰富而多元，仅从词义上理解其含义远远不够，需要不断挖掘深藏于背后的本质。只有对新质生产力有了深入而全面的理解，把握住新质生产力的独特特征，才能深刻理解新质生产力的形成机制和运作原理，才能在中国式现代化的进程之中不断取得创新与突破，让新质生产力更好地融入中国特色社会主义现代化建设之中（蒲清平和向往，2024）。

"新"字在不同的语境之中有不同的含义，常见的是以下五种：时间上的新、事物的新颖、观念的新鲜、版本的更新、经历或体验的全新。新质生产力是在新时代背景下提出的新途径，为解决新问题提供了新思路，是适应新情况的新方案。新质生产力作为未来发展趋势的新事物产生于新旧交替之际，会颠覆世界对传统生产力的观念和看法，以更优质、更高效的生产力形式融入生产之中，带给中国更加新质的、高质量的、可持续的、富有未来感的发展体验。传统生产力发源于第一次和第二次工业革命，进入新时期之后越来越显示出产能滞后、结构僵化、牺牲环境、创新能力不足等弊端。然而，新质生产力中"新"的成分可以彻底改变传统生产力不适应时代发展潮流的问题，即针对新趋势、新要素、新技术、新领域、新环境、新经济、新优势进行全方位的转变。

新质生产力是第四次科学技术革命的产物，促进了世界经济的发展与科学技术的进步进行更快的融合。新趋势催生新质生产力。新趋势通常与技术创新紧密相连，随着科学技术的不断进步，新的生产技术、生产方式和商业模式涌现，人工智能、大数据分析、物联网、区块链等技术的发展催生了许多新的生产力工具和方法，这些技术创新的趋势推动着新质生产力的产生。新质生产力的发展需求推动了对新要素的需求，新要素的引入和应用又促使新质生产力不断提高。作为与劳动力、资源等处于价值链低端的传统要素有本质区别的新要素主要包括技术、知识、创新、人力素质等一系列在生产过程中具有重要作用的因素。新质生产力的产生和发展是全要素生产率提升的结果，这一提升往往涉及多种新要素的应用和协同作用。科学技术是第一生产力，新技术也是新质生产力诞生和发展的核心要素。新技术的引入通常能够提高生产效率、降低生产成本，从而推动生产力水平的提升。超快激光加工、第六代移动通信技术（6G）、动力电池回收技术、类脑计算、生物3D打印、生物质能—碳捕集与封存（BECCS）、通用人工智能等新技术的应用，可以使经济社会发展更加高效、灵活、环保、智能，从而促进新质生产力的诞生。新技术是创新的产物，创新是推动经济增长和社会进步的关键因素之一，企业、行业和国家应更加注重创新，这有助于不断培育新质生产力，推动经济的可持续发展。

新领域的涌现为新质生产力的形成提供了动力和契机。新领域通常涉及前沿的科学和技术，这促进了创新的发生。通过在新领域进行研究和实践，新的技术和方法得以形成，从而推动了新质生产力的诞生。新领域往往不仅是某一领域的突破，更可能是多个领域的融合，这种跨界融合促使综合创新的发生，为新质生产力的形成提供了更广泛的基础。新的环境挑战和资源限制会促使人们寻求更加可持续和高效的生产方式，新质生产力意味着需要更有效地利用资源和能源，推动中国式现代化可持续发展。在当下技术为王的时代，新的环境意味着新的需求和趋势，企业生产经营更加信息化、智能化、无人化的趋势让人们对新质生产力的需求更加旺盛。创新是新质生产力的核心因素，一个充满创新氛围的新环境，能极大地促进理论创新和实践创新，在新环境中进行投资、研究和创新，社会就可以实现技术进步、产业升级和经济增长，从而创造更高水平的新质生产力。

新经济的特征和发展方向推动了新质生产力的创新和提升。新经济主要包括数字经济、绿色经济/循环经济/环保经济、海洋经济、共享经济、无人经济、零工经济、平台经济、虚拟经济、区块链经济、个性化经济、社会经济、人力资本经济、创业生态系统经济、健康科学技术经济、金融科学技术经济、社交商务经济、会展经济、社交媒体和社区经济等类型。新经济的主要特点就是强调创新和科学技术驱动，新经济的发展要求新质生产力赋能经济发展模式，保持创新，只有不断涌现新质生产力才能支持新经济的可持续化和全球化发展，带动国家实力的整体提升，提高国际经济影响力。新质生产力的最终表现形式为新优势。新质生产力能带给国家创新驱动新优势、效率提升与成本优势、可持续发展优势、灵活性与市场敏感度优势、数字化和信息化优势、人才和技能优势等多方面的新优势，为经济社会发展注入新活力。新质生产力注重科学技术创新、信息互联、人工智能等多维度的协调产业化，有助于集各方优势于一体，占据价值链的顶端，有效促进国家整体实力的提升。

总的来说，新质生产力的"新"表现为：新趋势催生了新质生产力，由新要素为其注入新动能，通过新技术培育，在新领域中抓住发展契机，把握新环境提供的机遇与挑战，赋能新经济发展模式，为国家经济社会发展打造新优势。

"质"作为名词时有素质、本质、禀性、物质、事物、质地、底子等意思。新质生产力中的"质"是本质的"质"、品质的"质"、质量的"质"，主要表现为产品、服务和技术的质量提升，以及创新和科学技术水平的提高。新质生产力拥有新的本质，这是新质生产力与传统生产力最根本的区别。传统的生产力理论关注的重点是数量和效率，而新质生产力则更加注重质量、创新和价值创造。新质生产力以高质量为导向，以技术创新为根本。新的本质标志着新质生产力不再是基础产业的生产力，而是以战略性新兴产业和未来产业创新为根基的生产力，新质生产力更加适应新一轮科学技术革命对创新和技术的需求，也更加符合新一轮产业革命变革的趋势。

新质生产力是新品质的生产力，无论从效率还是从质量上看，新质生产力都是以更加节约高效的生产模式来提升经济社会发展水平。这种生产力不再是完全依靠高污染、高能耗的"重工业型"生产力，而是以科学技术创新和数字融合为特点的可持续的绿色生产力。高品质的新质生产力能促进一国在整条价值链上进行创新和提升，不再局限于产品本身，而是扩展到生产过程、供应链、员工素质、科学技术创新和全球合作等多个方面，只有高品质生产力才能助力增强在整条价值链上的全球话语权和影响力。新质生产力是科学技术创新在其中起主导作用的生产力，是符合高质量发展要求的生产力，通过打造高质量的产业结构和国民经济结构，促进更高质量的开放与包容，为产业结构发展、经济转型升级、全面深化改革提供更加优质的动力，赋能新能源、芯片制造、大数据、人工智能、信息化等战略性新兴产业和类脑智能、量子信息、基因技术、未来网络、深海和空天开发、氢能与储能等未来产业，助力我国在经济发展过程中形成核心领域的关键竞争力占据战略性新兴产业及未来行业的领先地位，而这是传统生产力无法触及的高度。新质生产力只有赋能改革开放和中国特色社会主义经济发展实践，才能最大限度地发挥其促进经济和对外开放高质量发展的作用，推动人民生活水平朝更加优质的方向发展。传统上，各国依据不同的资源禀赋来发展具有本国优势的经济结构，在国际科学技术交流合作方面处于相对闭塞的状态，而新质生产力更强调国际交流与合作。在信息时代，哪个国家能够掌握最先进、最前沿的信息和资源，积极开展合作交流，它就能推动本国生产力的创新与变革，助力全球经济的持续平稳发展。

新质生产力的"质"作用路径为：拥有新本质的新质生产力属于高品质的生产力，通过积极开展国际交流与合作，提高整个经济社会发展的质量和人民生活的水平，在中国式现代化的实践之中转化为高质量的国家综合实力，促进我国战略性新兴产业和未来产业的发展，增强在全产业链和价值链上的国际竞争力和话语权。

新质生产力的培育与创新离不开"新"与"质"的内在联系。一是以"新"促"质"，"新"代表着新技术的产生、新的趋势引领潮流，"新"改变了传统生产力的本质，创造出了新质生产力，提高了经济社会发展水平，"新"是"质"之源。二是以"质"育"新"，高品质的新质生产力投入经济社会的实践之中后，会推动产业结构、科学技术、体制机制等进一步创新升级，为下一轮"新"的质变奠定量的基础，量变是质变的必要准备，质变是量变的必然结果，只有"质"在社会经济实践中不断积累，才能为下一轮新质生产力的"新"的诞生打下良好的物质基础，"质"是"新"之基。"新"和"质"相辅相成、相互促进、缺一不可，二者共同作用于每一轮新质生产力培育和发展的全过程，共同解决我国经济社会发展面临的阶段性和瓶颈期的问题，帮助我国形成在战略性新兴产业和未来产业上的前沿优势并占据国际领先地位，推动实现中国式现代化的实践发展（见图1）。

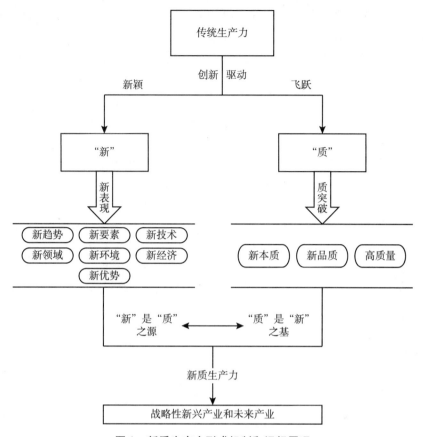

图1 新质生产力形成机制和运行原理

新质生产力是根植于数字化、信息化和智能化的基础上，强调科学技术创新、产业联动、协同共享、绿色环保、开放合作和持续发展的一种更为先进和高效的生产力。它代表了对传统生产力的质的突破和变革，有助于实现生产过程更加智能、灵活、高效，在提升我国经济社会发展效率、全面深化改革和加速产业结构转型升级的过程中扮演着关键角色，推动着整体经济的升级和发展。作为实现中国式现代化的重要推动力，新质生产力对全球价值链和经济发展模式的重构也具有重要意义。

三、新质生产力助力中国自由贸易试验区创新的内在逻辑

中国自由贸易试验区是指在国境内关外设立的，以优惠税收和海关特殊监管政策为主要手段，以贸易自由化、便利化为主要目的的多功能经济性特

区，通过实施一系列特殊的经济政策和制度，旨在促进贸易和投资便利化。这些区域通常享有相对独立的经济管理权，能够在国家总体政策框架内进行政策创新，具有政策灵活性、贸易便利化、外资准入放宽、监管创新等特点。目前中国自由贸易试验区的形式分为三类：综合性自贸区、特色自贸区和区域性自贸区。综合性自贸区涵盖多个行业，提供全面的贸易和投资便利，如中国（上海）自由贸易试验区。特色自贸区针对特定产业或区域发展设立，侧重某一领域的政策创新，如海南自由贸易港。区域性自贸区在特定地区内设立，如中国（广东）自由贸易试验区，目的是促进粤港澳大湾区经济一体化的发展。新质生产力的具体表现形态多种多样，主要包括数字化和信息化技术、智能制造和工业4.0、生物技术和基因编辑、新材料、先进制造技术、绿色能源和可持续发展、共享经济和平台经济、人力资本、区块链技术、虚拟和增强现实（VR/AR）等。新质生产力能提供新质劳动力、新质劳动对象、新质劳动工具和新质生产力基础，有效赋能中国自由贸易试验区的发展，助力中国自由贸易试验区在具体的产业、技术上的变革，推动中国在全球产业链和供应链上占据更有利的地位，带动国际产业分工格局的调整，提高中国在国际市场上的竞争力和话语权。

新质生产力培养新质劳动力，为中国自由贸易试验区的创新发展提供重要的人力资本的支撑。劳动力永远是生产力发挥作用的关键因素，新质生产力能提供复合型人才，他们不再是传统的应用技术的工人，而是能够进行产业理论研究和科学技术研发创新的高素质人才，中国自由贸易试验区也非常依赖人力资本的创新才能保持对外开放发展的领先地位。新质劳动力能迅速感知和适应市场与环境的变化，这种灵活性有助于中国自由贸易试验区更快速地调整重点的战略开放方向，同时带动新质生产力的转变和发展。新质生产力的提升可以吸引国际化的高素质人才，通过加速国际化进程，开展合作与交流，增强中国自由贸易试验区的国际竞争力。新质生产力带给中国自由贸易试验区更富有知识信息运用能力和灵活创新变革能力的高素质新质劳动力，这些劳动力会转化为中国自由贸易试验区的核心竞争力。

新质生产力孕育新质劳动对象。中国自由贸易试验区的创新发展不再仅仅面对设备、原料、自然资源等物质形态的劳动对象，更需要处理数据、算法、设计、软件、专业技能等多种非物质形态的劳动对象。在现代社会，随着信息技术和人工智能的发展，非物质形态的劳动对象在经济中尤其是在全球经济发展中的比重逐渐增加。这些非物质形态的劳动对象的特点是不具体、不可见、壁垒高，但它们对一国经济的对外开放发展具有重要作用。中国（上海）自由贸易试验区临港新片区依托"数字城、未来车、智能造"的战略规划，打造以人工智能等关键核心技术为突破口的前沿产业集群，推出支持人工智能产业平台建设，扩大人工智能应用场景开放，强化数据、算力、算法等要素保障等方面的政策优惠措施，推动上海市 2022 年人工智能规模以上企业产值突破 3 800 亿元人民币①。在未来，这些非物质形态的劳动对象的处理能力会成为促进中国自由贸易试验区发展的关键因素，我国需要积极发展新质生产力，不断孕育出更优质、更前沿的劳动对象，使其在我国经济进一步走向世界、拥抱全球的征程中发挥核心作用。

新质生产力创造新质劳动工具。中国自由贸易试验区创新发展的直接动力就是劳动工具的创新与发展。新质生产力代表着最先进的生产力形态，通过科学技术创新、信息融合、产业发展能够创造出更先进的劳动工具，将这些劳动工具投入中国自由贸易试验区的港口、码头、科技创新园区、海关、商务平台中可以加速理论更新、增强创新能力、提高效率、降低能耗。中国的自由贸易试验区在新质生产力推动下，借助智能制造与数字化转型，取得了显著成效。如中国（云南）自由贸易试验区红河片区打造面向南亚、东南亚的跨境电商综合试验区，中国（新疆）自由贸易试验区乌鲁木齐片区设立国际创业创新创客基地，中国（黑龙江）自由贸易试验区绥芬河片区建设农业、林业和渔业等产业园区，中国（广西）自由贸易试验区钦州港片区推动中国和马来西亚"两国双园"合作机制持续升级发展，不断深化和拓展与东盟地区的国际合作等，将新质劳动工具投入各自由贸易试验区中，突出特色、错位发展，打造形态多样的开放高地，更好地利用国际市场和资源、深度参与全球产业分工和合作，有力提升国际循环的质量和水平②。此外，汽车制造企业在中国（上海）自由贸易试验区内引入智能化生产线，通过物联网技术，实现了生产设备的互联互通。这种新质劳动工具的使用，不仅提高了生产效率，还减少了资源浪费，推动了绿色制造的发展。跨国电商企业利用大数据分析，优化供应链管理。在自贸区内，企业能够实时监测市场需求变化，通过精准的数据分析，快速调整生产计划与库存管理。新质劳动工具使企业在竞争中保持了灵活性与反应速度。新质劳动工具促进了我国自由贸易试验区内不同新兴产业之间的融合，形成了新的产业链条和价值链，通过不同领域的合作，促进了技术创新和知识传递。如新一代信息技术、生物技术、新材料以及航空航天等行业之间的联动创新和发展，能推动我国航天事业朝更加安全、智能、稳定的方向发展，有利于未来我国的宇航事业走在全球发展的前沿。新质生产力与新质劳动工具的结合可以为中国自由贸易试验区的创新发展提供更多的动力，提高我国在全球产业链上的竞争力和创新能力。

新质生产力被视为现代经济体系中的一项战略性资源，在推动科学技术

---

① 建设三大先导产业创新高地 市十六届人大常委会第二次会议举行［EB/OL］. https：//www. shanghai. gov. cn/nw4411/20230426/b6697d596dbd4eb49db7b5783bfce514. html.

② 为中国式现代化拓展发展空间——从自贸试验区、自由贸易港看高水平对外开放［EB/OL］. https：//www. gov. cn/yaowen/liebiao/202409/content_6975044. htm.

创新、提升产业水平、促进经济增长方面发挥着关键作用。其基础构成了中国自由贸易试验区长期可持续发展的关键要素和体系，包括信息技术基础设施、研发和创新体系、数字化管理体系以及产业链发展体系等。这些生产力基础是支撑中国自由贸易试验区在新一代信息技术、生物技术、新能源、新材料、高端装备、新能源汽车、绿色环保、航空航天和海洋装备等战略性新兴产业方面发展的基础要素。古语云："欲筑室者，先治其基。"新质生产力为中国自由贸易试验区的创新发展提供了最根本的支撑，唯有确保新质生产力基础坚实，中国自由贸易试验区的发展方能行稳致远。

新质生产力的崛起为中国自由贸易试验区的蓬勃发展注入了新的活力。在这个数字化、智能化、信息化的时代，新质生产力不仅是提高传统产业效益的助推器，更是引领战略性新兴产业和未来产业格局变革的关键主体。产业的变革代表着中国经济对外开放、扩大自由贸易区的需求更加旺盛，新质生产力带来的经济全面变革能够催生出中国自由贸易试验区的多种形态，带动中国对外开放经济的全面发展。从信息技术到数字经济，从研发创新到生产方式变革，新质生产力在多个方面都为中国自由贸易试验区的创新和发展提供了强有力的支撑。新质生产力的崛起也催生了产业生态系统的快速发展，推动了中国自由贸易试验区内产业间的协同发展，更促进了不同产业之间的跨界合作，为中国自由贸易试验区注入了更多的创新活力。我们透过新质生产力看到了一个全新的中国自由贸易试验区的雏形，看到了中国自由贸易试验区创新发展的火花在新质生产力的推动下迸发。

四、从中国自由贸易试验区看
新质生产力的发展对策

习近平总书记在黑龙江考察时强调："积极培育新能源、新材料、先进制造、电子信息等战略性新兴产业，积极培育未来产业，加快形成新质生产力，增强发展新动能。"[①] 在科学技术飞速发展的新时代，新质生产力已成为推动社会进步的关键动力，培育和发展新质生产力是时代的需要与呼唤。随着传统生产方式逐渐被淘汰，新质生产力的涌现既是一场科学技术的盛宴，更是对创新能力和智慧的全新考验。在这个崭新的时代，我们不再满足于简单地迎合市场需求，而是积极探索未知领域，以塑造战略性新兴产业格局，助力中国自由贸易试验区的创新更上一个台阶。为了实现新质生产力的培育和发展，我们需要从根本上挑战过去的思维定式，敢于跨越传统产业的边界，

---

① 加快形成新质生产力［EB/OL］. http：//www. xinhuanet. com/politics/20231109/8d7cf7407d0443e18622c5aa5b227d4c/c. html.

探寻新的交叉点。科学技术、人才资源和资本的融合将成为推动新质生产力的重要引擎。在数字化、人工智能等新兴技术的赋能下，我们可以重新构想生产过程，打破传统生产方式的束缚，实现生产力的质的飞跃（徐政等，2023）。为此，我们从中国自由贸易试验区的发展出发，对培育和发展新质生产力提出以下五项对策。

第一，全面深化改革，适应时代要求，为体制松绑。在体制上为新质生产力的产生和发展松绑，改革现有制度、结构、组织机构中的不合理因素，推动经济发展体制开启脱胎换骨的变革与升级之旅（刘洪铎等，2024）。全面深化改革能为中国自由贸易试验区的发展提供自由广阔的空间，也能助力新质生产力的培育和发展。在全面深化改革的过程之中需要有"刮骨疗毒"的决心，改革阵痛、改革阻力等诸多问题的涌现更加表明新质生产力的发展受到了体制的限制，只有全面深化改革，为新质生产力的产生和发展斩除一部分荆棘，新质生产力才能更加自由地茁壮成长。改革的本质是打破旧有的制度和体制障碍，释放创新潜能，激发社会活力，全面深化改革是培育和发展新质生产力的关键动力之一，是推动新质生产力发展的制度基础。

第二，加强交叉学科融合培养，构建"社—创学研—新—产—国"的研究模式，吸纳社会力量（顾华详，2024）。发挥高等学校引领社会发展的导向作用，坚持技术为先、创新至上的理念，培养学科复合型人才，建立跨学科的研究机构和实验室，吸引不同领域的研究人员和专业人才共同从事跨学科研究，通过集思广益的方式推动生产力创新。中国自由贸易试验区在发展过程中要注重引入战略性新兴产业、未来产业的前沿技术并促进技术与其他领域的有机结合。技术的不断演进为新质生产力的培养提供了强大的动力，而通过将技术与设计、管理、社会科学等领域相结合，可以创造出更具有深度和广度的创新。构建"社—创学研—新—产—国"的创新研究模式，将中国自由贸易试验区内的各类优质资源集合为一个整体，充分发挥各方优势促进创新。该模式的运行机制为：由中国自由贸易试验区在发展过程中最先感知并提出新问题和新趋势，由试验区内以高等学校、研究机构、智库机构等为代表的"创学研"协同体学习新问题、研究新趋势、创造新思路，这样能加强中国自由贸易试验区协同体内部的交流与联系，避免知识脱节，提高学术、研究、创新结合的效率，通过积极寻求社会资金、投资金融机构的支持，针对新环境中的新问题能及时创新技术，孕育出新质生产力，满足经济发展过程之中的新需求并最终投入到具体领域、行业、产业之中，在国际市场与国内市场中接受反馈来更新新质生产力（见图2）。该模式能促进新质生产力的培育与发展形成循环创新与升级的良性过程，为新质生产力的培养奠定坚实的基础，推动经济社会朝更加创新、智能和可持续的方向发展。

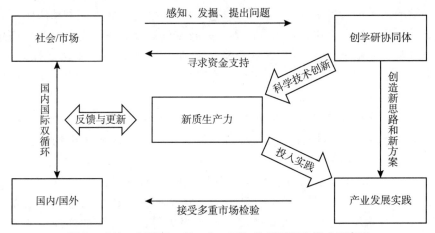

图 2　"社—创学研—新—产—国"的创新研究模式示意图

第三，构建国家创新发展体系，推动新质生产力发展战略性布局（任保平和王子月，2023）。中国自由贸易试验区的发展和创新始终要遵循科教兴国战略、人才强国战略、创新驱动发展战略、制造强国战略、可持续发展战略、区域协调发展战略等国家重大战略部署，以战略性新兴产业为起点，打造发展新模式和结构，推广普及新技术，加快发展中国式现代化产业体系，巩固壮大实体经济根基，逐行业、逐领域地发展新质生产力，大力发展数字经济、人工智能、生物技术等战略性新兴产业，重点加强技术"卡脖子"、标准"够不着"、创新"跟不上"的核心领域与关键技术的新质生产力的培育。设立政府配套资金与政策扶持项目，推动跨行业和跨领域的创新合作、跨地区的资源整合，为新质生产力的培育提供基础的物质条件。信息化、数字化、网络化、智能化、绿色化是发展新质生产力的重点方向，有助于推进传统产业、战略性新兴产业、未来产业之间的跨界创新，构建基础牢固、协同合作、开放兼容、紧扣现实、具有国际竞争力的生产力发展体系，以科学技术创新体系的发展升级，推进新质生产力的战略性布局落实到位，不断提高国家的核心竞争力，实现经济的可持续发展，实现科学技术创新与经济发展有机融合。

第四，大力发展国内国际双循环，倒逼国内生产力升级换代（王爱俭和方云龙，2021）。国内国际双循环战略为新质生产力的培育提供了更广阔的市场空间。当今时代，国际竞争日益激烈，全球化的潮流已是大势所趋。通过国际循环，可以引入国际先进技术、管理经验和市场需求，促使国内产业进行升级和转型。同时，通过国内循环，可以优化国内资源配置，提高资源利用效率，促使新质生产力在国内市场中得到更好的发展。应全面提高对外开放水平，构建新发展格局，拓展国际交流与合作，提高对国际市场的适应能力，促使战略性新兴产业升级发展，推动新质生产力的发展。中国自由贸易试验区要坚持国内国际双循环战略，在更开放的环境中获取创新资源，提高技术创新的能力，拓展知识共享的渠道，培养更具有国际化视野的人才资源，在全球市场中取得更具竞争力的地位，打破发展瓶颈，增强风险分散与可持续发展的能力，实现经济的高质量增长，为培育新质生产力提供更为有利的发展环境，提升战略性新兴产业的国际地位和话语权。

第五，营造中国自由贸易试验区的创新氛围，鼓励并吸引社会各界参与新质生产力的创新进程。构建一个适宜创新、自由开放的外部环境，建设未来产业园区、成立科学技术园区和设立战略性新兴技术创新中心，为创新型生产力提供一个有益的、开放的生态系统（钟坚和冯峥，2024）。通过提供经济成本较低的办公场所、共享实验室、导师支持等共用资源，促进中国自由贸易试验区内各项代表未来全球经济发展大势的创新企业和战略性新兴产业的孵化与发展。同时，建立健全的知识产权保护制度，确保世界各国创新者的合法权益得到保障，以充分保护创新成果，从而激励中国自由贸易试验区内企业和个人更加积极地开展研发活动，提高其创新积极性。推出激励政策，如税收减免、创新奖励等，降低创新的成本，激发创新的积极性，鼓励企业和个人从事创新活动（李子联和刘丹，2021）。解放思想，创造创新氛围，营造积极向上的社会氛围，鼓励人们勇于尝试新事物、勇敢创新，培育创新文化，为中国自由贸易试验区长期的创新发展奠定基础。在一个鼓励创新的氛围中，中国自由贸易试验区与新质生产力的发展将更加顺畅，国家的经济社会发展也将与生产力的不断创新融为一体。

五、结　　语

生产力作为现代社会存在和发展的基石，对国家、社会和个体具有深远的影响。历史上每一次工业革命所带来的生产力剧变都极大地提升了人类改造社会的能力，推动着人类社会迈向更加美好的未来。生产力的创新与变革始终是人类经济社会发展中不可忽视的重要因素。在中国式现代化的发展进程中，新质生产力必将发挥关键作用，为中国自由贸易试验区的发展注入动力，加速经济转型和产业升级，缓解我国经济下行压力，提升自主创新能力，构筑更加健全的国民经济发展体系，推动中国经济走向更加先进、高效、开放、绿色和智能化的方向，提升中国在贸易自由化和投资便利化上的国际影响力与话语权（洪银兴，2013）。时代的车轮永不停歇，中国经济这艘巨轮也不会停滞不前。在新质生产力的发展过程中，必须避免陷入创新停滞的思维误区，始终保持前瞻性和先进性的思维，持续保持自我更新的能力，推动新质生产力的可持续创新与发展，实现中国式现代化。

参考文献

[1] 顾华详. 高质量建设中国（新疆）自贸试验区的制度创新路径研究 [J]. 新疆社会科学，2024（2）：68 - 82.

[2] 洪银兴. 论创新驱动经济发展战略 [J]. 经济学家，2013（1）：5 - 11.

[3] 李子联，刘丹. 中国自由贸易试验区建设的"质量效应"研究 [J]. 经济学家，2021（9）：58 - 68.

[4] 刘洪铎，王梦飞，徐雨欣等. 制度型开放、营商环境改善与新质生产力发展——基于中国自由贸易试验区设立的准自然实验 [J]. 广东财经大学学报，2024，196（5）：1 - 20.

[5] 蒲清平，向往. 新质生产力的内涵特征、内在逻辑和实现途径——推进中国式现代化的新动能 [J]. 新疆师范大学学报（哲学社会科学版），2024，45（1）：77 - 85.

[6] 任保平，王子月. 数字新质生产力推动经济高质量发展的逻辑与路径 [J]. 湘潭大学学报（哲学社会科学版），2023，47（6）：23 - 30.

[7] 王爱俭，方云龙. 双循环新发展格局视域下中国自由贸易试验区发展再定位——兼论中国经济高质量发展的自贸区改革路径 [J]. 现代经济探讨，2021（11）：37 - 48.

[8] 徐政，郑霖豪，程梦瑶. 新质生产力赋能高质量发展的内在逻辑与实践构想 [J]. 当代经济研究，2023（11）：51 - 58.

[9] 钟坚，冯峥. 制度创新与数字技术创新企业集聚：来自中国自由贸易试验区的证据 [J]. 世界经济研究，2024（9）：3 - 17，135.

[10] 周延云，李琪. 生产力的新质态：信息生产力 [J]. 生产力研究，2006（7）：90 - 92.

The Study on New Quality Productive Forces and Innovation in China Pilot Free Trade Zones

Shen Jun   Gu Yu

[Abstract] The new quality quality productive force, rooted in digitization, informatization, and intelligent technologies, represent an advanced and efficient productivity that emphasizes technological innovation, industrial collaboration, synergistic sharing, environmental sustainability, open cooperation, and continuous development. China's pilot free trade zones serve as multifunctional economic special zones aimed primarily at facilitating trade liberalization, emerging from the fertile ground of the global economy amidst the currents of the times. There is a qualitative difference between new quality productive force and traditional productive force, which holds significant implications for the development of China's pilot free trade zones and the modernization process with Chinese characteristics. To cultivate and develop new quality productive force, it is essential to comprehensively deepen reforms, nurture interdisciplinary talents, construct a novel research model integrating society, innovation, education, research, industry, and the nation, firmly support national strategic deployments, foster an innovative atmosphere, and promote the integration of development within China's pilot free trade zones with sustained innovation in productivity, achieving prosperous development of Chinese modernization.

[Key Words] new quality productive force   Chinese modernization   Free Trade Pilot Zones   technological revolution

JEL Classifications: F15

"双积分"政策对新能源车企技术创新的影响机制研究

▶ 李映辰　武　彤　孙华平*◀

【摘　要】中国政府自 2018 年以来实施的"双积分"政策在近年来已取得预期成效。本文采用 DID 双重差分模型，基于国泰安数据库、万得数据库以及专利汇数据库，剖析"双积分"政策对新能源车企创新绩效的影响机制，并对其内在传导路径进行检验。研究结果表明，"双积分"政策可以对新能源车企的商业信用供给水平、商业信用融资水平及研发投入产生正面影响，进而有效提高企业创新绩效。商业信用供给水平、商业信用融资水平以及研发投入三者在本影响机制中起中介作用。

【关键词】"双积分"政策　新能源汽车　技术创新　商业信用研发投入

一、引　言

近些年来，我国新能源汽车行业蓬勃发展，2023 年我国新能源汽车产销量接近千万量级，建成了高效协同的产业体系，作为全球第一大市场推动了世界汽车产业向电动化逐步转型。新能源汽车领域属于高新技术集中产业，我国在动力电池、驱动电机等方面取得了关键性突破。虽然我国新能源汽车产业在全球市场上占据领先地位，但也面临创新能力不足、关键核心技术依

---

* 李映辰，北京科技大学经济管理学院本科生，主要研究领域：绿色经济与产业发展，电子邮箱：liyingchencn@126.com。武彤（通讯作者），北京科技大学经济管理学院本科生，主要研究领域：绿色经济与产业发展，通信地址：北京市海淀区学院路 30 号，北京科技大学经济管理学院，邮政编码：100083，电子邮箱：wutong20042023@126.com。孙华平，北京科技大学经济管理学院教授、博导，主要研究领域：绿色经济与可持续发展，电子邮箱：shp797@163.com。

本文受国家社会科学基金重点项目（21AZD067）、国家自然科学基金项目（72243005、72350410488）、北京工商大学数字商科与首都发展创新中心项目（SZSK202308）的资助。

赖进口等问题。作为被我国政府列为七大战略性新兴产业之一的新能源汽车产业，在解决能源危机、推动能源产业升级、促进汽车产业结构优化、未来形成具有世界竞争力的汽车工业体系等方面被寄予厚望。为了培育我国新能源汽车产业的比较优势，各地政府纷纷推出系列政策，给予新能源汽车产业大量支持。除直接给予新能源车企财政补贴外，中国政府还通过政府采购、不限行不限购、无须车牌摇号、划定专门车位等一系列相关政策，全面促进新能源汽车产业进一步发展。

发达国家和发展中国家均采取相关政策，纷纷给予新能源汽车发展高度重视。作为全球碳排放量位居首位的大国，中国政府相继签署了《巴黎协定》《中美气候变化联合声明》等多项国际减排协议，并承诺将于 2030 年实现碳达峰，力争在 2060 年前实现碳中和。为了提高国家自主贡献力度，我国采取更加有力的政策和措施，推动汽车能源效率提升并大力推广新能源汽车产业发展。政府为鼓励国产新能源汽车品牌发展，主要以财政补贴为激励政策提升国产新能源汽车的品牌优势，扶持国内新能源车企发展。由此可见，新能源汽车产业已成为国家"双碳"战略的重要一环。然而，新能源汽车企业过度依赖政府采购以及政府财政补贴政策，可能导致在技术创新研发方面缺乏动力与压力，从而使核心技术的研发难以实现突破，不易掌握核心技术自主权。同时，"骗补"等问题的出现，造成国家的监管难度进一步加大（余梦仙和姚俭，2018），引起了汽车行业的混乱。这一系列问题的出现不断促使国家的补贴政策与时俱进，呈现"退坡"趋势，新能源汽车企业如何在该趋势之下确保此战略性新兴产业可持续发展，也成为新的问题。为此，中华人民共和国工业和信息化部等六部委于 2017 年正式发布"双积分"技术创新政策，规定从 2018 年 4 月 1 日起开始实施，补贴政策也将于 2022 年底全面退出新能源汽车市场。

尽管对"双积分"政策的研究越来越多，但对于该政策在促进技术创新以及对于新能源车企商业信用供给水平、商业信用融资水平是否能够影响企业技术创新的实证研究较少。刘娟和戚振飞（2023）的研究证实"双积分"政策会对企业商业信用行为造成影响。李旭和熊勇清（2021）与刘金亚（2023）研究证实了新能源汽车企业的研发投入受"双积分"政策影响，并且研发投入的规模、强度、结构的中介效应显著。本文在此基础上运用 DID 双重差分模型分析该政策对于新能源汽车企业创新情况及商业信用供给水平与商业信用融资水平的实质性影响，并对企业研发投入在这一机制中的中介效应做出检验。这对于双积分政策出台前后的创新绩效检验与新能源车企进一步的融资投资方向具有十分重要的现实意义（饶奕邦和舒彤，2021）。

二、理论基础与研究假设

"双积分"政策使企业得到的资金补助与所研发新能源汽车的续航公里数挂钩，续航越长的汽车企业可获得的资金越多，使新能源汽车企业不断有新的动力投入更多研发资金以取得技术创新。企业通过持续提高汽车续航里程等技术指标，可以进一步获得更多积分，出售积分后，可以填补开发新电池技术所消耗高额研发投入的空缺。

创新理论认为，规制型产业政策会给企业带来约束和成本（李旭和熊勇清，2020），同时也为企业创造创新发展的新契机，促进企业扩大研发投入的量与质。"双积分"政策是一种"环境规制"与"激励创新"二合一的政策，对于新能源汽车产业补贴型政策的逐步衔接在理论上可行性较高，其目的是促进车企过渡和转型，使新能源车企实现真正的创新发展，让新能源车企从获取短期收益的补贴向获取长期利益的方向发展。新能源汽车是高新技术载体，而我国的基础技术与核心机密技术尚未达到领先水平（马建等，2018），因此需要利用规制型政策激励新能源车企进行研发创新，有效改变技术现状。供给性政策是政府通过资金补助、人才培养、技术扶持等方式推动企业取得更多创新成果（谢青和田志龙，2015）。作为规制性产业政策的"双积分"政策（史丹和明星，2023），可能比供给侧层面的政府补贴在促进技术创新方面更具有长期的刺激作用（Li et al.，2019）。由此可见，政府补贴虽然在短期内能够为企业提供直接资金补助，但从长远来看，政府补贴这一类供给面政策工具对刺激产业化技术化的效果有限。对新能源汽车产业而言，"双积分"政策减少了其外部流动性供给，且新能源车企面临双重积分考验，更容易陷入融资困境，尤其是对高新技术企业来说（Zhang，2020）。外部政策的变化可以影响企业的财务活动（刘娟和戚振飞，2023），"双积分"政策同时也将使企业增加研发投入以达到新的技术水平要求，促使企业在新能源汽车市场中获得良性竞争的技术优势。由此可以推断，"双积分"政策势必会影响新能源车企的商业信用行为与研发投入。商业信用具有筹资速度快、弹性大等特点，作为企业内部流动性供给缓解了融资困境，同时企业间的商业信贷可以促进不同企业的协作，实现新能源汽车产业链的和谐共生与可持续发展。"双积分"政策使新能源车企间的资金流动性得以提高，为企业研发投入提供了资金保障，使企业能够主动调整人员的构成以及资金用于研发的比例，以增强创新研发的实力。基于刘金亚等（2023）的研究，专利申请数量能够更好地体现企业创新研发情况，对企业创新产出的作用具有代表意义（虞义华等，2018；温君和冯根福，2012），可提出以下研究假设：

H1："双积分"政策的实施可以增加专利的研发数量从而实现技术创新的提升。

H2a：商业信用供给水平在"双积分"政策影响企业技术创新中起中介作用。

H2b：商业信用融资水平在"双积分"政策影响企业技术创新中起中介作用。"双积分"政策能够提升新能源车企的商业信用融资水平，进而提高创新研发投入，促进技术创新。

H3：研发投入在"双积分"政策影响企业技术创新方面起中介作用。

"双积分"政策对新能源汽车企业技术创新作用的理论模型如图1所示。

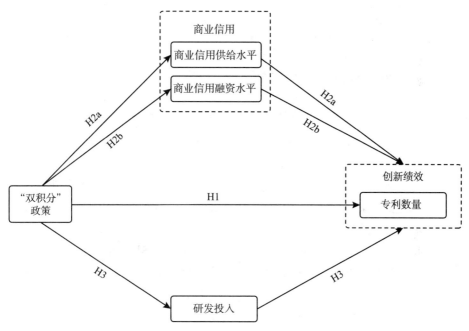

图1 "双积分"政策对新能源汽车企业技术创新作用的理论模型

三、研究设计

（一）样本选择与数据来源

我国自2014年开始酝酿"双积分"政策，并于2018年开始实施该政策，故选取2014～2022年中国新能源汽车17家A股上市公司作为研究样本，数据主要来自国泰安数据库（CSMAR）、万德数据库（Wind）以及专利汇数据库。借鉴刘金亚等（2023）与夏青（2022）的研究样本选取情况，这17家新能源车企包括12家乘用车车企及5家商用车车企。考虑到乘用车车企是"双积分"政策的主要影响对象，商用车受到的影响较小，将这12家乘用车企业作为双重差分实验的实验组，5家商用车车企作为对照组。具体样本情况如表1所示。

表1 研究样本构成情况

实验组：新能源乘用车车企	对照组：新能源商用车车企
海马汽车、长安汽车、一汽轿车、比亚迪、东风汽车、上汽集团、福田汽车、江淮汽车、广汽集团、长城汽车、力帆股份、江铃汽车	安凯客车、中通客车、宇通客车、亚星客车、金龙汽车

（二）模型设计与变量定义

构建双积分政策促进新能源车企技术创新的双重差分模型如下：

$$Patent_{it} = \beta_0 + \beta_1(TREAT_{it} \times POST_{it}) + \beta_2 TREAT_{it}$$
$$+ \beta_3 POST_{it} + \beta_4 Control_{it} + \varepsilon_{it}$$

上述公式中，$Patent_{it}$表示被解释变量，代表"双积分"政策下新能源车企的技术创新绩效（李旭，2020），β_1为DID处理效应，$TREAT_{it} \times POST_{it}$为实验组在政策实施后的政策效应。TREAT取值0（12家乘用车企业）或1（5家商用车企业），分别代表实验组和对照组；POST取值0（2014～2018年）或1（2018～2022年），分别代表政策影响（2018年）前后。$Control_{it}$为控制变量，ε_{it}为扰动项。因"双积分"政策在2014年就开始酝酿，故选取各个企业2014年以来的各项数据。但政策正式实施年份为2018年，由于技术创新具有滞后性，本实验将2018年作为政策检验分界点。

相关变量的解释如下：

被解释变量：由于企业的创新绩效更集中于用专利申请数量作为衡量标准，故被解释变量为2014～2022年各企业的专利申请数量。

解释变量：自变量为高新技术载体，选取DID交互项表示。

中介变量：借鉴刘娟和戚振飞（2023）与刘金亚等（2023）的研究，将企业商业信用供给水平、商业信用融资水平以及研发投入作为研究的中介变量。

控制变量：借鉴刘金亚等（2023）的研究，选取企业盈利能力、企业规模、企业年龄作为控制变量。

采用Stata 17处理数据，变量定义如表2所示。

表2		变量定义
变量类型	变量名称	变量说明及公式
被解释变量	技术创新	专利申请数量
解释变量	政策效应（DID）	样本与时间交乘项
中介变量	商业信用供给水平	当期应收账款周转率与应收账款周转天数
	商业信用融资水平	当期应付账款周转率
	研发投入	当期研发投入取自然对数
控制变量	企业盈利能力（LEV）	当期资产负债率
	企业规模（SCALE）	资产总计取自然对数
	企业年龄（AGE）	当年年份 – 企业上市年份

四、实证研究

（一）变量数据描述性统计

由表3可以看出，实验组（乘用车）与控制组（商用车）每年的专利申请数量最小值为0，最大值为4 363，标准差为882.2，这表明各个车企的技术创新水平存在显著差异。各企业应收账款周转天数的标准差为126.6，说明各企业的商业信用供给期限存在明显不同。值得注意的是，应收账款周转率的标准差121.8远大于应付账款周转率的标准差1.16，这说明企业商业信用供给期限远大于企业融资期限，这也与刘娟和戚振飞（2023）的研究相互印证。

表3			描述性统计		
变量	（1）N	（2）均值	（3）标准差	（4）最小值	（5）最大值
code	153	9	4.915	1	17
年份	153	2 018	2.590	2 014	2 022
LEV	153	0.643	0.148	0.357	0.977
应收账款周转率	153	36.68	121.8	0.594	1 054
应收账款周转天数	153	99.84	126.6	0.346	614.9
应付账款周转率	153	3.451	1.160	1.300	8.318

变量	（1） N	（2） 均值	（3） 标准差	（4） 最小值	（5） 最大值
企业规模（取对数）	152	24.28	1.334	21.50	27.62
专利申请数量	147	605.4	882.2	0	4 363
企业年龄	153	21.65	6.298	10	29
研发投入（取对数）	153	19.25	5.444	0	23.76

（二）双重差分回归结果

使用固定效应回归方法对双重差分结果进行分析。表4中的数据说明，"双积分"政策在企业创新研发方面具有显著的政策提升效应，证明"双积分"政策在加入控制变量的前提下，是可以有效促进企业技术创新的，故假设H1成立。

而从数据中也可以看出，只有当控制变量加入企业资产负债率时，回归结果的显著程度为一颗星，这表明企业资产和企业年龄可能与政策效应存在内生性问题。在现有的研究中这一点也得以体现，企业的资产负债率可以影响企业的财务活动与经营能力，而这两个因素也可在一定程度上影响企业的研发投入规模与强度，故可以看出企业资产负债率作为控制变量的重要意义。

表4   **双重差分结果**

变量	（1） 专利数量
did	428.1 *** （97.76）
应收账款周转率	0.308 （0.374）
应收账款周转天数	0.452 （0.760）
应付账款周转率	72.03 （55.27）
研发支出	−3.364 （8.814）
LEV	1 057 * （600.1）

变量	(1) 专利数量
资产总计	−38.08 (101.8)
企业年龄	—
Constant	471.1 (2 485)
Observations	146
R − squared	0.801

注：括号内为标准误；***、**、*分别表示在1%、5%、10%的显著性水平上显著。

（三）稳健性检验

采用平行趋势检验方法，验证之前的回归结果是否具有稳健性。

平行趋势检验结果如表5与图2所示。值得注意的是，企业创新绩效在2018年前4年的时间中（"双积分"政策酝酿期）并不显著，该现象可能与企业在政策实施前几年中偏向依赖政府补贴造成"策略性"创新有关。图2表明，"双积分"政策开始时，估计系数在0附近波动，而在"双积分"政策开始后的三年中政策效应为正，且估计系数呈现逐步增大的趋势，对比表5在政策实施当期与后三年逐渐呈现P值的缩小趋势，证明"双积分"政策对于专利申请数量的影响效果在政策实施后逐年显现，故该政策对于企业技术创新具有一定滞后性，同时说明在政府补贴等"扶持性"政策退坡的前提下，"双积分"政策可以有效地鼓励企业进行创新型研发工作。

表5　　　　　　　　　　　平行趋势检验

专利数量	Coefficient	Std. err.	t	P > |t|	[95% conf. interval]	
pre_4	254.6192	215.2248	1.18	0.239	−171.0579	680.2962
pre_3	274.6663	215.0985	1.28	0.204	−150.761	700.0936
pre_2	197.2563	213.9416	0.92	0.358	−225.883	620.3956
current	308.7133	221.1069	1.40	0.165	−128.5976	746.0242
post_1	290.0145	220.6522	1.31	0.191	−146.3971	726.4261
post_2	319.4104	222.5552	1.44	0.154	−120.7649	759.5857
post_3	367.0290	222.7642	1.65	0.102	−73.55974	807.6177

续表

专利数量	Coefficient	Std. err.	t	P > |t|	[95% conf. interval]	
post_4	780.5431	227.6566	3.43	0.001	330.2781	1 230.808
LEV	927.8659	416.6344	2.23	0.028	103.8356	1 751.896
资产总计对数	278.6220	46.49658	5.99	0.000	186.6598	370.5841
企业年龄	−46.39543	9.119213	−5.09	0.000	−64.43164	−28.35921
_cons	−5 955.399	1 309.014	−4.55	0.000	−8 544.4	−3 366.397

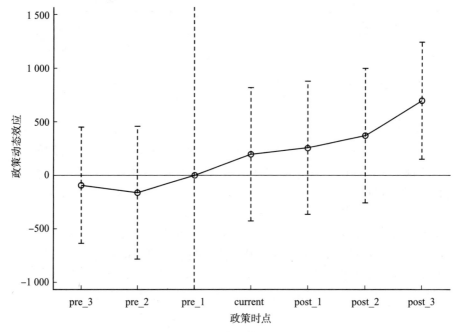

图 2　平衡趋势结果

（四）中介效果检验

利用 Stata 中介效应三步法命令对商业信用供给水平、商业信用融资水平和研发投入进行中介效果检验。

表 6 所示的分析结果表明，"双积分"政策效应（did 作为政策交乘项）对于专利数量具有高度显著性（P < 0.01）；进一步对 DID 政策效应对于应收账款周转天数的显著性做检验，如表 7 所示，证明"双积分"政策对于商业信用供给水平效果显著。

表6 中介效果检验（1）

变量	（1） 专利数量
did	592.2 *** （146.1）
Constant	404.0 *** （85.18）
Observations	147
R – squared	0.102

注：括号内为标准误；***、**、*分别表示在1%、5%、10%的显著性水平上显著。

表7 中介效果检验（2）

变量	（1） 应收账款周转天数
did	– 85.94 *** （20.23）
Constant	130.7 *** （12.13）
Observations	153
R – squared	0.107

注：括号内为标准误；***、**、*分别表示在1%、5%、10%的显著性水平上显著。

然后，在 Stata 中输入相关命令就政策效应对于应付账款周转率的显著性进行检验，如表8所示，显著性 P 值小于0.01，显著程度三颗星，显著程度高，证明政策交乘项对于中介变量具有实际影响。

表8 中介效果检验（3）

变量	（1） 应付账款周转率
did	0.548 *** （0.191）
Constant	3.254 *** （0.115）

续表

变量	（1） 应付账款周转率
Observations	153
R – squared	0.052

注：括号内为标准误；*** 、** 、* 分别表示在1%、5%、10%的显著性水平上显著。

接下来对于研发支出对专利数量的显著性进行检验，结果如表 9 所示。在加入其他两个中介变量后，研发支出的显著程度为三颗星。这证明当研发投入作为单独中介变量时，其中介效应显著程度较低，而当加入其他两个中介变量时，研发投入的中介效应得以显现，这说明本次实验中商业信用供给水平与商业信用融资水平的中介变量效应占据主体地位，这两个因素在内在传导路径中激发了研发投入的中介作用。

表9　　　　　　　　　　　　中介效果检验（4）

变量	（1） 专利数量
应收账款周转天数	− 0.999 （0.630）
应付账款周转率	77.42 （67.55）
研发支出	32.62 *** （12.17）
did	433.6 *** （149.4）
Constant	− 328.1 （354.6）
Observations	147
R – squared	0.183

注：括号内为标准误；*** 、** 、* 分别表示在1%、5%、10%的显著性水平上显著。

根据中介效应检验三步法，检验应收账款周转天数对专利数量的影响，如表 10 所示，数据结果表明影响效果显著。接下来对应付账款周转率与研发支出对于被解释变量的中介效果进行回归检验，检验结果表明，商业信用融资水平与研发支出对于提高企业创新绩效具有显著中介作用（见表11、表12）。

表10	中介效果检验（5）
变量	（1） 专利数量
应收账款周转天数	794.0*** (0.550)
Constant	(90.33)
Observations	147
R – squared	0.071

注：括号内为标准误；***、**、*分别表示在1%、5%、10%的显著性水平上显著。

表11	中介效果检验（6）
变量	（1） 专利数量
应付账款周转率	172.9*** (61.69)
Constant	16.90 (221.7)
Observations	147
R – squared	0.051

注：括号内为标准误；***、**、*分别表示在1%、5%、10%的显著性水平上显著。

表12	中介效果检验（7）
变量	（1） 专利数量
研发支出	35.98*** (12.89)
Constant	– 84.23 (257.1)
Observations	147
R – squared	0.051

注：括号内为标准误；***、**、*分别表示在1%、5%、10%的显著性水平上显著。

　　至此，我们证明了商业信用供给水平和商业信用融资水平以及研发支出的中介效应均显著，说明本文的假设H2a、假设H2b与假设H3成立。

五、研究结论与启示

本文主要针对"双积分"政策对于企业技术创新的政策效果以及商业信用供给水平、商业信用融资水平和研发投入对政策效果的影响进行了验证与分析。研究的主要结论如下：

第一，"双积分"政策可以有效促进企业创新技术的发展，但该政策具有时间阶段性。在政策酝酿期间，政策效应并不显著，这可能与政策酝酿期政府补贴未退坡，企业仍依赖扶持性政策有关。而当政策正式实施后，政策效应逐年显现，这说明"双积分"政策存在滞后性。而后续在政府补贴等扶持性政策完全退坡的情况下，"双积分"政策能否持续发挥对技术创新的推动作用还需进一步观察，这也要求车企对自主创新发展制定进一步的规划。

第二，商业信用供给水平、商业信用融资水平以及研发投入对于"双积分"政策对企业技术创新存在中介作用，在政策酝酿期开始时期，政策使新能源车企提前调整企业发展方向，发展能力较强的新能源车企为了保障创新研发的资金链完整并正常运行，开始为其他企业提供商业信贷，其他企业的融资水平同时也将得到提高，相关企业的研发投入也将同时增加，从而推动整个产业的协调发展，提升企业的创新研发能力与行业竞争力。

第三，企业应及时密切关注自身应收账款的数量及质量。一方面，企业应该建立健全的商业信用评估体系，对商业信用供给进行审慎的评估和选择。对于存在风险的商业信用供给，企业要提前意识到潜在的坏账风险，并制定相应的应对策略。另一方面，企业应该定期审核和监控应收账款的情况，及时警示和催收逾期款项。此外，企业还应建立风险预警机制，及时发现和评估潜在的坏账风险。通过监测市场环境、行业动态以及相关企业的经营状况等，企业可以预测和识别可能导致坏账的情况，并及时采取措施进行风险防控。通过以上措施，保障企业的盈利能力和创新发展的可持续性。

六、研 究 展 望

本文可能存在的研究局限如下：首先，本文仅选取 17 家新能源汽车企业作为研究样本，推广性可能不足，结论可能存在样本局限性。其次，本文的实验组与对照组可能存在随机性不足问题，在后续的研究中将注意这一问题。另外，对于创新绩效的衡量仅选取专利申请数量作为标准，该指标的代表性可能存在不足。同时，新能源车企存在一定的异质性与内生性问题，本文缺乏内生性讨论与异质性检验，这也是未来需要进一步深入探讨的方向之一。

参考文献

[1] 陈劲，王飞绒. 创新政策：多国比较和发展框架 [M]. 杭州：浙江大学出版社，2005.

[2] 何文韬，肖兴志. 新能源汽车产业推广政策对汽车企业专利活动的影响——基于企业专利申请与专利转化的研究 [J]. 当代财经，2017 (5)：103-114.

[3] 贾俊生，伦晓波，林树. 金融发展、微观企业创新产出与经济增长——基于上市公司专利视角的实证分析 [J]. 金融研究，2017 (1)：99-113.

[4] 黎文靖，郑曼妮. 实质性创新还是策略性创新？——宏观产业政策对微观企业创新的影响 [J]. 经济研究，2016，51 (4)：60-73.

[5] 李旭，熊勇清. "双积分"政策对新能源车企研发投入的影响分析 [J]. 科学学研究，2021，39 (10)：1770-1780.

[6] 刘春玲，赵利利，黎继子等. 考虑双积分和碳交易背景下基于最优控制的新能源汽车生产决策分析 [J]. 计算机集成制造系统，2023，29 (12)：4282-4292.

[7] 刘金亚，马雨萌，李鑫鑫. "双积分"政策对新能源车企技术创新的影响研究 [J]. 科学学研究，2023，41 (10)：1887-1896.

[8] 刘娟，咸振飞. 双积分政策对新能源车企商业信用行为的影响分析 [J]. 商业会计，2023 (17)：20-27.

[9] 刘相锋，吴颖婕. 新能源补贴退坡政策能否激发车企技术水平进步——来自新能源车企采购和生产微观数据的证据 [J]. 财经论丛，2021 (11)：102-112.

[10] 卢超，王倩倩，赵梦园等. "双积分"政策下汽车制造商竞争定价与减排策略研究 [J]. 中国管理科学，2022，30 (1)：64-76.

[11] 马建，刘晓东，陈轶嵩等. 中国新能源汽车产业与技术发展现状及对策 [J]. 中国公路学报，2018，31 (8)：1-19.

[12] 饶奕邦，舒彤. 基于中国双积分政策的新能源汽车企业技术创新行为分析 [J]. 管理评论，2023，35 (7)：74-85，111.

[13] 史丹，明星. "双积分"政策能否促进新能源汽车实质性创新 [J]. 北京理工大学学报（社会科学版），2023，25 (4)：40-51.

［14］孙建国，田明甫．双积分政策是否促进了新能源汽车企业创新的"量质齐升"［J/OL］．软科学：1 - 11［2024 - 02 - 29］．http：//kns. cnki. net/kcms/detail/51. 1268. G3. 20230906. 0923. 002. html.

［15］王京滨，李扬，张紫荆等．商业信用融资对缓解企业风险的作用机制研究［J］．管理学报，2022，19（1）：129 - 138.

［16］温军，冯根福．异质机构、企业性质与自主创新［J］．经济研究，2012，47（3）：53 - 64.

［17］夏青．补贴退坡下新能源汽车双积分政策效应研究［D］．西安：长安大学，2023.

［18］谢志明，张媛，贺正楚等．新能源汽车产业专利趋势分析［J］．中国软科学，2015（9）：127 - 141.

［19］熊勇清，刘徽．新能源汽车推广应用的"非补贴型"政策作用及其差异［J］．科研管理，2022，43（9）：83 - 90.

［20］余梦仙，姚俭．基于博弈论的汽车企业"双积分"政策问题研究［J］．经济研究导刊，2018（16）：7 - 10.

［21］虞义华，赵奇锋，鞠晓生．发明家高管与企业创新［J］．中国工业经济，2018（3）：136 - 154.

［22］袁胜军，俞立平，钟昌标等．创新政策促进了创新数量还是创新质量？——以高技术产业为例［J］．中国软科学，2020（3）：32 - 45.

［23］张玉兰，强春侠，高路遥等．融资约束、商业信用与民营企业财务绩效［J］．会计之友，2021（10）：67 - 73.

［24］赵丹，严啸宸，汪和平等．双积分政策下汽车企业合作创新演化博弈分析［J/OL］．中国管理科学：1 - 15［2024 - 02 - 29］．https：//doi. org/10. 16381/j. cnki. issn1003 - 207x. 2021. 1443.

［25］中华人民共和国工业和信息化部．乘用车企业平均燃料消耗量与新能源汽车积分并行管理办法［EB/OL］．https：//www. miit. gov. cn/jgsj/zbys/qcgy/art/2020/art_f09be90b302f4875928ac1c05a5c3bbc. html. 2022 - 01 - 29.

［26］中华人民共和国工业和信息化部．我国新能源汽车带动产业生态全面重塑［EB/OL］．https：//www. miit. gov. cn/.

［27］周亚虹，蒲余路，陈诗一等．政府扶持与新型产业发展——以新能源为例［J］．经济研究，2015，50（6）：147 - 161.

［28］朱颐和，郭春蕊．新能源上市公司融资结构对企业绩效的影响研究［J］．商业会计，2021（21）：88 - 91.

［29］Mateut S, Chevapatrakul T. Customer financing, bargaining power and trade credit uptake［J］. International Review of Financial Analysis, 2018, 59：

147 – 162.

[30] Oliver C, Holzinger I. The effectiveness of strategic political manage-ment: A dynamic capabilities framework [J]. Academy of Management Review, 2008, 33 (2): 496 – 520.

Research on the Impact Mechanism of the Dual Credit Policy on the Technological Innovation of New Energy Vehicle Enterprises

Li Yingchen   Wu Tong   Sun Huaping

[**Abstract**] The dual credit policy implemented by the Chinese government since 2018 has achieved expected results in recent years. This article adopts the DID model, based on the CSMAR database, Wind database, and Patenthub database, to analyze the impact mechanism of the dual credit policy on the innovation performance of new energy vehicle enterprises, and to test its internal transmission path. The research results indicate that the dual credit policy has a positive impact on the commercial credit supply level, commercial credit financing level, and R&D investment of new energy vehicle companies, thereby effectively improving their innovation performance. Commercial credit supply level, commercial credit financing level, and R&D investment play mediating roles in this influencing mechanism.

[**Key Words**] Dual Credit Policy   New energy vehicles   Technological innovation   Commercial credit   R&D investment

JEL Classifications: D78; O32